整形いらずで
なりたい顔をつくる

1分顔トレ

笑顔表情筋協会 代表　北野珠誇

フォレスト出版

はじめに

マスクを外して思いっきり笑えますか？

突然ですが、質問させてください。

「あなたは自分の笑顔に自信がありますか？」

「『さあ、心から笑ってください！』と言われて思いっきり笑顔になれますか？」

本書を手にしてくださった方で、「はい」と躊躇《ちゅうちょ》なく答えられた方は、ごく少数ではないでしょうか？

20〜50代の男女８００人のうち、笑顔に「自信がある」と答えた人はわずか50人というリサーチ結果もあるようです（ヤーマン株式会社調べ）。日本人には謙虚な性格の人が多いと言われていることを加味しても、全体的に笑顔に自信がある人は少ないというのが現実……。じつは、それは日々私自身も実感していることです。

申し遅れましたが、私は、笑顔表情筋認定プランナーの北野珠誇《みほ》と申します。これまで20年あまり、3000人以上の方に「笑顔をつくる」指導をしてきました。

どのような方が私のレッスンにいらっしゃるかと言うと、

・笑顔でおしゃべりしているつもりなのに「怒ってる?」と勘違いされる
・目が笑っていなくて「怖い」と言われる
・笑顔で写真に写ったつもりが、まったく笑顔になっていなかった
・自分の笑顔に自信を持てず、写真に写ることが嫌になってしまった
・初対面の方を前にすると笑顔が引きつってしまう
・歯並びが悪くて笑えない
・笑顔でシワが深くなるのが気になって笑えない
・悲しい出来事があってから、自然に笑えなくなった

このように、それぞれに「笑顔の悩み」を抱えていらっしゃる方々です

表情筋の衰えは顔の悩みに直結する

皆さんの笑顔の悩み、もっと言えば顔の悩みに拍車をかけたのが、コロナ禍によって長らく続いたマスク生活でした。

いざマスクを外して鏡を見たら、「私、こんなに顔がたるんでいたかしら？」と、老け見えしてかなりショックを受けた方がたくさんいらっしゃいました。

ほかにも、こんなご相談もよくお寄せいただきます。

・ほうれい線が前より深くなった
・二重あごになってしまった
・頬が下がってきた、そげてきた
・目の下のたるみが目立つようになった
・まぶたが重くて、目が開けにくくなった
・目だけで笑っていたせいか、目尻のシワが増えた
・フェイスラインがもたついた

・口角が下がりっぱなしになった
・顔色が悪くなった

気になる箇所は人それぞれ、複合的であったりもするのですが、それらの一番の原因は、マスク生活によりあまり表情を動かさなくなったからでしょう。**使われない筋肉が衰えてしまうのは、体も顔も同じです。**表情豊かにコミュケーションを取る必要がなかったために、**人間のさまざまな表情をつくる顔の筋肉の「表情筋」が衰えてしまった**のです。

顔の皮膚の土台となる表情筋が衰えると、その上にある皮下組織が皮膚を支えられなくなるため、肌がたるみ、シワができやすくなります。

また、運動不足の体で急に走ると、足が思うように上がらなかったり、もつれたりしますよね。それは、足や体幹の筋肉が衰えているからです。

表情筋もそれと同じで、衰えてしまうと笑顔をつくりたくてもぎこちなくなったり、硬くなってしまいます。

正しい顔のトレーニングには整形級の効果あり

最近の傾向として、間違った顔のトレーニングによって、顔のさまざまな悩みを深めている方も増えています。

「YouTubeで見つけた『目の下のたるみが良くなる』というトレーニングをしていたら余計に目もとがたるんで、シワシワになってしまいました。**表情筋のトレーニングで本当にたるみは改善できるのですか?**」

このような質問を非常に多くいただくようになりました。

結論から申し上げると、**表情筋を鍛えることでシワやたるみは改善できます。**先に上げたようなお顔の悩みはまるっと解消できる。それは本当です。

体の筋トレと同様に、顔も表情筋を鍛えれば、今はしぼんでいる筋肉も復活してくれます。

私の生徒さんの中には、毎日コツコツ続けたことで、目はパッチリ、顔全体もリフトアップして印象がまるで変わり、会社で整形疑惑をもたれている方もいるほどです。ただし、それは正しくやってこそ効果を発揮するものであると、最初に申し上げておきます。

顔のトレーニングは、諸刃《もろは》の剣《つるぎ》といっても過言ではありません。表情筋は、顔という小さい面積の中に重なるように存在している筋肉のため、最初は間違えやすく、ピンポイントで動かしにくいものなのです。

また、これまで使っていない筋肉を鍛えようとしても、無意識にいつも使っている筋肉を動かしてしまい、結果として、余計にシワやたるみを助長してしまうこともあります。ただ、焦らずきちんと理解して行なえば、それこそ整形級の効果が発揮できるとお約束します。

顔のトレーニングの際に、無意識にいつも使っている筋肉を動かしてしまう理由は、自分の「顔のクセ」を理解しないまま行なっていることにも、原因があるでしょう。これはとても大切なことなのですが、ほとんどの方がおざなりにしています。

私たちは、皆それぞれ異なる顔のクセを持っています。表情をつくるときの筋肉の動かし方のクセです。

たとえば、鼻の両側から唇の両端にかけて八の字に伸びる2本の線、「ほうれい線」ができる原因はさまざまあります。スキンケア不足、生活習慣の乱れや姿勢なども関係しますが、頬を支えている表情筋の衰えは、非常に大きな原因です。

なぜ頬を支える筋肉が衰えるかと言うと、じつは、多くの方が**そもそも間違った笑顔のつくり方、顔のクセを持っていて、**それがほうれい線を深めていることに気づいていません。

たとえば、「笑顔になってみてください」とお願いすると、頬の筋肉を使わずに、口角だけをキュッと上げて笑顔をつくる方がたくさんいます。子どもの頃から続けているので、脳がそのような筋肉の使い方を習慣にしているのです。

でも、それを続ける限り、頬の筋肉はどんどん使われなくなって、お口まわりの筋肉ばかりを鍛えてほうれい線を刻み込んでしまいます。

やりすぎ厳禁！　間違った表情筋の使い方でシワが増える

「シワやたるみをなくしたい」「きれいになりたい」という切なる願いから、顔のトレーニングをついやりすぎてしまうことも、逆効果を招く一因です。

「早くきれいになりたい」という気持ちはとてもよくわかります。でも、表情筋のトレーニングに関しては、「物足りない」くらいでストップしてほしいと思います。

いろいろなメソッドや考案者のお考えがあることも承知していますが、本書でお伝えするトレーニングに関しては、**「楽してきれいになれちゃうんだ」**くらいの気持ちで取り組んでみてください。**少ない労力で、大きな成果を上げることができますので、頑張らなくても良い**のです。それよりも、**焦らず、正しく、丁寧に、毎日少しの回数を繰り返してほしい**と思っています。

顔のトレーニングは、長時間行なうと、必要以上に皮膚に負荷がかかって、裏目に出てしまうことが多くあります。**集中的に行なうよりも、決められた回数を毎日コツコツ行なうこと**が、最も効果を引き出すことができる秘訣《ひけつ》です。

なりたい自分になって人生を好転させよう

世の中にはさまざまな顔のトレーニング法があります。私がご提案するトレーニングとそれらの最大の違いは、**シワやたるみを改善するだけではなく、あなたの素の笑顔力を画期的にアップして、人生までも好転させる**ところにあります。

「ツンとすました美人より、笑顔の絶えない愛嬌《あいきょう》のある人のほうが愛される」とはよく言われることですよね。

就活、婚活、起業、営業、コミュニケーション、記念写真など、いろいろな場面で笑顔でいることは、多くの「恵み」をあなたにもたらします。

- **笑顔ができるようになって自信が出てきました！**
- **人の輪に加わるのが怖くなくなりました！**
- **人間関係が改善しました！**
- **希望の会社に就職が決まりました！**

・「笑顔がいいね」と評価されて本社に抜擢《ばってき》、出世しました！
・婚活パーティーで初めて声をかけられました！
・ずっと彼女がいなかったのに、恋人ができて結婚もできました！
・オーディションに受かるようになりました！
・笑顔が素敵だと、どこでも褒められるようになりました！
・学校で友だちの輪に入ることができました！

小学生のお子さんから70代の方まで、男女問わず、うれしいお声をたくさんいただいています。笑顔でいることは、言葉を使わずとも相手に好意を持ってもらえる最大の武器になります。それは、人生を変える力も備えています。

本書でお伝えするトレーニングは、**「表情筋（解剖学）×歯科衛生学×脳科学」の知見**から構築されています。

私自身が歯科衛生士だった経験から、歯並びや噛み合わせなど、口腔《こうくう》環境の視点を表情筋トレーニングに組み込んでいます。このトレーニングにより笑顔力が増すと脳が活性化することがわかってからは、脳科学研究の博士のもとで最新の情報を取り入れながら、オリジナルのメソッドを磨いてきました。それは、ただ顔の悩みを改善するだけでなく、あなたに最高の笑顔を身につけてほしいと考えたからです。

顔の悩みが解消できれば誰しもうれしいでしょうし、前向きにもなりますよね。そこにあなた史上最高の笑顔が加わったら、どれだけ素敵なことでしょう。

昨今は、プチ整形がブームとなり、気軽に施術を受ける人たちも増えています。きれいな自分を維持しようという姿勢には大いに賛成です。しかし、整形にはまずお金がかかります。また、望みどおりの結果が得られるとも限りませんし、維持するためには、さらに高額なお金を払い続けなければならないこともあります。

私のもとには、整形をした結果、「表情が不自然になってしまった」「笑うとへんな場所にシワが寄るようになってしまった」など、新たな悩みを増やしている方がいらっしゃるのも事実です。

でも、どうぞ安心してください。本書でお伝えするトレーニングでは、そのような悩みも必ず解決できます。**あなたが今、どんな状態であろうとも関係ありません。歯並びが悪くても、目尻のシワが目立っていても大丈夫です。**これから自分の顔の悩みを解消して、笑顔美人になれます。お金もかかりません。

誰かに頼るのではなく、まず自分の顔は自分でなんとかしてみる。自分史上最高の笑顔を今こそ取り戻しましょう。

本書を通してあなたが、鏡の中の自分の笑顔にときめいてくださったら、こんなにうれしいことはありません。

あなたの毎日が輝く笑顔で溢《あふ》れ、充実したものであるように心から願っています。

整形いらずで
なりたい顔をつくる

1分顔トレ

目次

Part 1 正しい表情筋で正しい笑顔をつくる

Part 2 絶対に押さえておきたい基本のトレーニング8選

part 3

コンプレックス別に取り組むトレーニング8選

Part 4

自分史上最高の笑顔のつくり方

ブックデザイン　株式会社ロースター
撮影協力　菅原景子
モデル　倫可
イラスト　早瀬あやき
編集協力　林美穂
校正　大江多加代

Part 1

正しい表情筋で正しい笑顔をつくる

仕事もプライベートも好転させる「自然な笑顔」

好印象を与える笑顔とは、**顔全体を使って笑っている自然な表情**のことです。

たとえば、婚活を成功させたい方に笑顔のアドバイスをする機会が多くありますが、どんなに時代が変わっても、性別問わず、「結婚したら笑顔の絶えない家庭をつくりたい」という理想をお持ちの方がほとんどです。つまり、**笑顔が素敵であることは、婚活成功のカギであり、絶対に外すことはできません。**

ところが、せっかくの笑顔も「つくり笑い」に見えてしまうと、逆効果になってしまいます。

これは婚活シーンに限ったことではありません。とくにビジネスシーンでの愛想笑いや、つくり笑いが相手に見透かされてしまうのは、絶対にNGですよね。「本当は何を考えているのかな？」「イヤイヤ取り組んでいるのかな？」と、緊張や警戒心を抱かせてしまい、ビジネスパートナーとして信頼されることが難しくなってしまいます。

相手の心がホッと和むような、柔らかい、自然な笑顔でないと、人に良い印象は与えられません。

ここで自然な笑顔のポイントをお伝えしましょう。ポイントは次の３つです。

1. 目尻が緩んで少し下がっていること（笑顔をつくったときに目がパッチリ開いたままなのは不自然です）。

2. 口角が目尻の方向に上がっていること。

3. 目と口の間にある頬の筋肉がキュッと収縮していること。

自然な笑顔の持ち主は、顔の筋肉である表情筋がスムーズに動くので、意図しなくても、このポイントを押さえた笑顔になります。

自然な笑顔のコツは無理して笑わないこと

結婚式前に笑顔のトレーニングを始める方はとても多いです。「きれいなドレスを着た最高の笑顔の自分を写真に残したい」「人生の晴れ舞台で最高の笑顔をしている自分を皆に見てほしい」と思うのでしょう。

最近は、花嫁さんだけではなく、花婿さんの笑顔のレッスンも増えています。

このとき、やはり皆さん口々に「自然な笑顔ができるようになりたい」と言ってトレーニングに励むのですが、レッスンの最終日、挙式当日のアドバイスとして私がお伝えする言葉は、「無理して笑顔をつくらないでね。笑おうとしちゃだめですよ」です。

「笑おう、笑おう」とすると、どうしても力んでしまい不自然な笑顔になってしまいます。

笑顔のトレーニングを積んでいたら、自然な笑顔をつくる筋肉の使い方は、すでに脳に上書きされています。うまくやろうとしなくても、「友だちがたくさん来てくれてうれしいな」「パーティーが盛り上がって楽しいな」「みんながお祝いしてくれて幸せ」と、**自分の心に自然と湧《わ》き上がるハッピーな気持ち**に素直に従っていれば、おのずと筋肉は反応して、目もとはやさしく緩み、口角や頬もキュッと上がって、自然で素敵な笑顔をつくってくれます。

これは日常でも使える、自然な笑顔を引き出すテクニックでもあります。仕事や子育てに追われていると、笑うよりも怒ってばかりと思うかもしれません。

しかし、自分で意識して、「うれしい」「楽しい」「幸せ」と、ポジティブな気持ちを感じることを1つでも多く見つけてみてください。そういった気持ちになればなるほど、自然な笑顔が増えていくでしょう。

なぜ「目が笑っていない」と言われてしまうのか？

「思いっきり笑うと目尻にシワがたくさん寄ってしまうから」と、目は見開いたまま、口角だけを上げて笑顔をつくる方がいます。

これは、自然な笑顔とはかけ離れていて、見ている側からすると「目が笑っていない。怒っているのかしら？」と、残念な印象を与えてしまう、良くない笑い方と言えます。

写真に撮られるときもそうです。「目を大きく見せたいから」と、思いっきり目を見開いて、口角はほんのわずかに上げて笑顔をつくる方がいます。ただ、目をパッチリ開いた笑顔というのも、やはりつくりもの感があって嘘っぽく感じてしまいます。

なぜなら、**目もとと口もとの筋肉は基本的に連動している**からです。上の歯を見せるようにニコッと口角を上げて笑顔にしたら、本来、目もとは緩んで下がります。

試しに、鏡を見ながら「アハハ」と声に出して大きく笑ってみてください。目尻が下がるのが確認できるでしょう。

しかし、ほんの少し口角を上げる程度、いわゆる「微笑み」は、あまり目もとが緩みません。なので、その代わりに無理して目を三日月のようにして笑おうとすると、目のまわりに余計なシワをつくることになってしまうのです。

「目が小さくて自然に笑うと目がなくなってしまう」と、気にされている方も多いですが、目がなくなるくらい笑った顔は純粋で素直な印象を与え、まわりから見ると、とても魅力的です。

また、表情筋のトレーニングをしていくと、コンプレックスに感じていた目の細さや小ささも気にならなくなるくらい、目をパッチリ、大きく見せることができます。

そして、結果的にあなた本来の魅力が伝わる笑顔を引き出せるようになります。

第一印象の9割は笑顔で決まる

ビジネスシーンでもプライベートでも好感度アップのために笑顔は欠かすことができません。コミュニケーションを円滑に図るためにも、笑顔がとても重要だということは誰もが認識しているでしょう。

では、あなたは、誰かと話すときに笑顔を心がけているでしょうか？

「人は出会ってからわずか3〜6秒で第一印象が決まる」と言われています。初対面の方と話をする際、笑顔は「私はあなたを受け入れていますよ」と好意的なイメージを与えることできます。

笑顔がないと、少なからず緊張感を与えてしまい、あなたにそのつもりはなくても、不必要な不安や警戒心を持たれてしまうこともあります。

じつは、その好ましくない印象は、後々まで引きずることがわかっています。「メラビアンの法則」と呼ばれる、人が他者に影響を与える要素の構成比として、話の内容などよりも、容姿などの視覚情報や相手の声のトーンなど、

五感から得る情報をなんと9割近く信頼するという研究報告があります。

たとえば、目線を合わせず浮かない表情で「今日はとても楽しかったです」と言われても、そこに笑顔がなければお世辞のように捉えられますし、素直にその言葉を受け取るのは難しいのではないでしょうか？　しっかり目を見て言われたほうが説得力がありますよね。

これは、話の内容よりも、**視覚情報のほうが優越性が高い**という証拠です。

そして、梅干しを見ると瞬く間にツバが出るように、第一印象で刷り込まれたイメージは、その人に会うたびに感情に無意識に働きかけるうえ、なかなか書き換えることが難しいものです。

逆に考えると、第一印象が良ければ、相手はあなたに対して、長きにわたって好印象を持ってくれるということです。そのためには、やはり自然な笑顔がものを言います。

自然な笑顔には、初対面の人との距離をグッと縮めてくれるパワーがあります。これは、言葉を換えると**「信頼」**です。笑顔には、**人と人との信頼感を生み出す効果がある**と私は思っています。

もちろん初対面の人だけに限りません。たとえば、仕事中わからないことがあったとき、普段から感じの良い上司と、仏頂面の上司、どちらに質問したいと思うでしょうか？　よほどのことがなければ、感じの良い上司に質問したいと思うはずです。

仕事では、ある程度感情は抜きにして行動しなくてはならないときもあるでしょう。しかし、感じが良く、話しかけやすい雰囲気があり、気持ち良くコミュニケーションを取れることは、それだけで相手から信頼を寄せられるアドバンテージが高いのです。

いわゆる「感じの良さ」には、身なり、話し方、所作などがかかわっていますが、清潔感がある佇《たたず》まいで丁寧な話し方をされる方でも、ムスッとしていたら「感じが良い」とはなりませんよね。

笑顔があってこその「感じの良さ」であり、相手の胸襟を開かせる秘訣です。

笑顔は幸せホルモンの分泌を促進する

笑顔になると、表情筋が刺激を受けます。それが脳にフィードバックされると、ポジティブな感情が生まれることもわかっています。

それは、**脳から多幸感をもたらす「セロトニン」という「幸せホルモン」が分泌される**ためです。

ホルモンは、体のあちこちにある内分泌腺でつくられ、体がうまく働くように各器官に指示する伝達システムとしての役割があります。

セロトニンのほかにも、不安感やストレスを軽減する「ドーパミン」や、「エンドルフィン」と呼ばれる、笑い続けたときに酸素消費が増加し、全身運動をしたようなストレス発散効果があるホルモンも分泌されます。

笑うだけで、**「幸せ」「やる気」「ストレス解消」**といったプラス思考の作用をもたらすホルモンがたくさん分泌されて、心身が健やかになるよう調整してくれるのです。

細胞まで届く！　笑顔の効果は無限大

健康のためにも、もっと意識的に笑う機会を増やしましょう。

テレビのお笑い番組やコメディ映画を観たり、落語や漫才を聴いたり、自分からどんどん楽しいことを探すことも大事です。**面白いと思ったら、躊躇せず大笑いしてみてください。**

大阪国際がんセンターが、吉本興業などと提携して行なった「笑い」の実証研究では、患者に漫才や落語を鑑賞してもらったうえで、免疫細胞の状態などを調べたところ、免疫力の向上や心身のストレスの改善が確認されたそうです。

まさに、笑いは百薬の長！　たとえ面白いことがなくて、つくり笑いをしたとしても、**意識的に微笑む回数を増やすことで、表情筋の働きが脳に伝わり、免疫細胞が活性化する**こともわかっています。

とりあえず、笑顔になってみるだけでも、確実に健康に近づいていきます。

苦しいときこそあえて笑おう

笑顔になるとポジティブな感情が生まれるとお伝えしましたが、それは心身に有益なホルモンを分泌するからだけではなく、**笑顔が自律神経のバランスに作用する**ことも関係しています。

自律神経とは、脳や脊髄から体の隅々にまで張りめぐらされた末梢神経の1つで、呼吸、血液循環、心拍、消化、代謝、排尿、排便など生きていくうえで欠かせない生命活動を無意識のうちに調整している神経です。

交感神経と副交感神経の2つがあり、わかりやすく言うと、交感神経は活動するときに、副交感神経は休息やリラックスするときに働きます。

車にたとえると、交感神経がアクセル、副交感神経がブレーキの役割を果たしていて、それぞれ相反する働きをしています。

じつは、そんな自律神経は、ストレスと深い関係があります。普段、両者はシーソーのようにバランスを取りながら働き、体を最適な状態に保っているのですが、過度なストレスを受けると交感神経が優位になり、副交感神経の働きが低下してしまいます。

よって、疲労が回復しにくくなり、倦怠《けんたい》感や不眠、イライラや不安、鬱《うつ》っぽさなどの心身の不安定さを招きます。こうした乱れが続くと、自律神経失調症と呼ばれる症状を引き起こすのです。

通常、日中は交感神経の働きが優勢ではありますが、忙しいとき、大変なときこそ、あえて笑顔をつくるようにしてみてください。

笑うと緊張感が和らいで副交感神経が優位になり、心身がリラックスして、乱れた自律神経のバランスが整っていくからです。

ストレスの多い現代社会こそ、笑顔を味方につけましょう。

まわりを元気にさせる笑顔の力

集団の中で、1人が笑顔になると、周囲の人の表情もほぐれて笑顔が伝染していきます。つまり、**自分が笑顔でいることで、まわりの人も笑顔になれば、みんなの健康や幸せに貢献することができる**ということです。そこにも笑顔のすばらしさがあると私は思っています。

「笑顔が伝染する」と言われる現象ですが、これは脳科学的にも証明されています。誰しも天井や壁のシミ、野菜の凹みや傷が人の顔のように見えたことはあるでしょう。

もともと人には、ミラー・ニューロンという人の顔に見える造形を瞬時に認識する脳の働きが備わっています。つまり、人は無意識のうちに人の顔に反応しているということです。

もっと詳しく言えば、ミラー・ニューロンは、他者の行動をまるで自分が行動しているかのように、「鏡」のごとく同じ行動を促す神経細胞です。

笑顔の人につられて笑顔になると表情筋が刺激されます。すると、前述したようにセロトニン、ドーパミンやエンドルフィンといった「快」に関する神経伝達物質が分泌され、気分が良くなります。

すると、相手もまた笑顔につられて笑顔になるので、お互いに良い気分が伝染するという現象が起こります。「笑顔が場を明るくする」とよく言われるのは、この効果によるところが大きいでしょう。

また、生まれたての赤ちゃんが、口角を上げてニッコリすることがありますよね。それは「新生児微笑《びしょう》」と呼ばれる、赤ちゃんの本能的な笑顔です。お母さんの子宮にいるときから、赤ちゃんは笑っているとも言われています。

じつはその笑顔は、自分のお世話をしてくれる人の笑顔を引き出し、気づかない間に相手に満足感を与え、自分を継続的に可愛がってもらうための自衛本能であると言われています。

このことからも、笑顔が親子の絆を深める重要なポイントであることもわかります。

絶対に押さえておきたい18の表情筋

ここまでで笑顔の効力を存分にご理解いただいたと思います。ここからは、より実践的に、笑顔をつくる表情筋についてお話ししましょう。

表情筋は細かく分けていくと20〜30種近い筋肉に分類できますが、私は**自然な笑顔づくりに大切な18種の表情筋**（40ページ参照）を中心にトレーニング法をつくったり、アドバイスをしたりしています。

自然な笑顔ができる人は、表情筋の動きが非常にスムーズです。笑顔が少ない人は表情筋の動きが悪く、どこか不自然になってしまいます。

また、表情筋の動きが悪いと、口角や目尻は下がり気味になってきます。いわゆる「たるみ」が起きているのです。逆に言えば、表情筋をよく動かすことができれば、たるみとは無縁の顔でいられるということです。

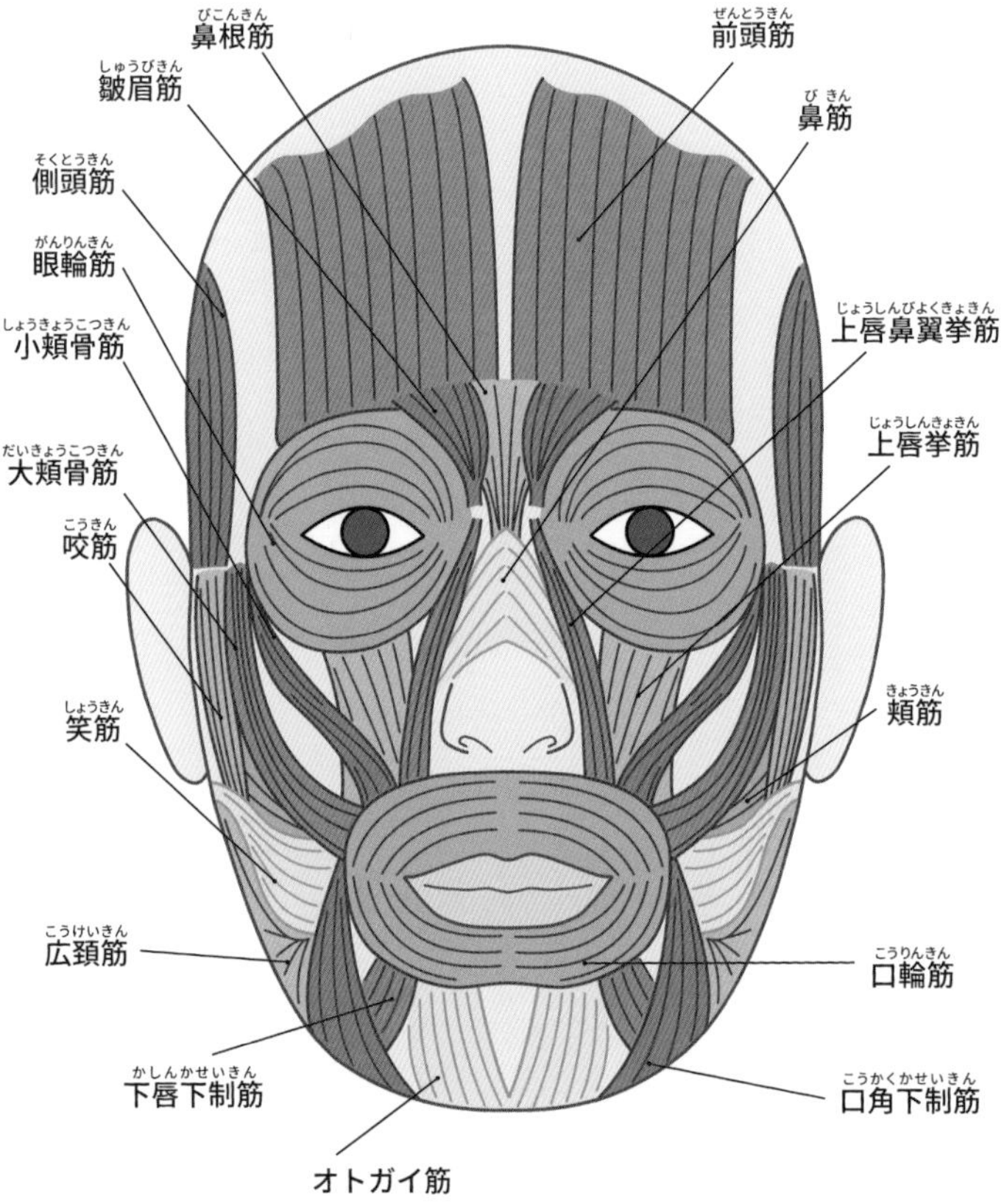

鼻根筋《びこんきん》
皺眉筋《しゅうびきん》
側頭筋《そくとうきん》
眼輪筋《がんりんきん》
小頬骨筋《しょうきょうこつきん》
大頬骨筋《だいきょうこつきん》
咬筋《こうきん》
笑筋《しょうきん》
広頚筋《こうけいきん》
下唇下制筋《かしんかせいきん》
オトガイ筋
前頭筋《ぜんとうきん》
鼻筋《びきん》
上唇鼻翼挙筋《じょうしんびよくきょきん》
上唇挙筋《じょうしんきょきん》
頬筋《きょうきん》
口輪筋《こうりんきん》
口角下制筋《こうかくかせいきん》

体の筋肉は鍛えるのになぜ顔は鍛えないの？

では、なぜ表情筋の動きが悪いとたるんでしまうのでしょうか？　それは、筋肉量と強度が関係しています。

体の筋肉は、運動やトレーニングによって筋肉量が増え、強さも増しますよね。逆に運動不足になると、筋肉量は減り弱くなります。

表情筋も同様で、使わなければ筋肉量は減って弱くなり、たるんでしまうというわけです。

体の筋肉との違いは、体の筋肉は骨と骨を繋《つな》ぐ「骨格筋」で丈夫で強いのですが、表情筋は、骨と皮膚もしくは皮膚と皮膚を繋いでいます。そのために不安定であり、繊細です。**何もしなければ、体の筋肉以上にたるみやすい**という特徴があります。

歳を重ねると、スタイルを気にして体の筋トレに励む人は多くいますが、**「なぜ顔の筋トレはしないのだろう？　なぜ高級な化粧品を買ってそれでおしまい**

なのか……」と長年、私は不思議に思っていました。顔は一番先に人の視線を集めるにもかかわらずです。

加齢によって肌のハリや弾力が低下することでもたるみは加速していきますから、体と一緒に表情筋のトレーニングも、ぜひ行なって習慣にしていきましょう。

あいにく、私たち日本人は日常生活の中で約20～30％の表情筋しか使っていません。

また、驚くべきことに成人女性が1日どれくらい笑っているのかと言ったら、平均約13・3回。時間に換算すると、なんと**30秒未満**です。非常にわずかな時間しか笑っていません。

一般的な就学前の子どもが1日に笑う回数は平均400回と言われていますから、大人になると30分の1ぐらいになってしまうという、なんとも残念な事実です（株式会社アテニア調べ）。

たとえば、友だちに久しぶりに会ったとき、最初は満面の笑みで挨拶《あいさつ》しても、それをずっと続けるわけでもなく、その後の会話中は微笑む程度だったりしませんか？

お笑い番組を観て「アハハハ」と大笑いしたとしても、ほんの数秒のことではないでしょうか？

そう考えると、意識して笑ったり、笑顔をつくったりしないと、どんどん笑顔で使われるはずの筋肉は衰えてしまいます。

高い化粧品を使ってもたるみは改善しない

歳を重ねると肌ツヤが悪くなり、ハリも失われ、くすみがちになっていきますが、それは表情筋が硬くなり、血流が悪くなっていることにも関係しています。

肌の断面図は、表皮、真皮、皮下組織、SMAS（表在性筋膜）、筋肉となっていて、その下に血管が通っています。つまり、表情筋が硬くなると、下の血管の動きが悪くなり滞《とどこお》ってしまうということです。

すると、酸素や栄養素を運び、二酸化炭素や老廃物を回収する役割がある酸素がスムーズに全身を巡らなくなって顔の血色が悪くなったり、むくんだり、ハリやツヤが失われてしまいます。

たしかに、最近の化粧品はシワやシミなどの肌トラブルに効果的なアイテムがたくさんありますが、どんなに良いと謳《うた》われる化粧品でも、あいにく表情筋までは届きません。

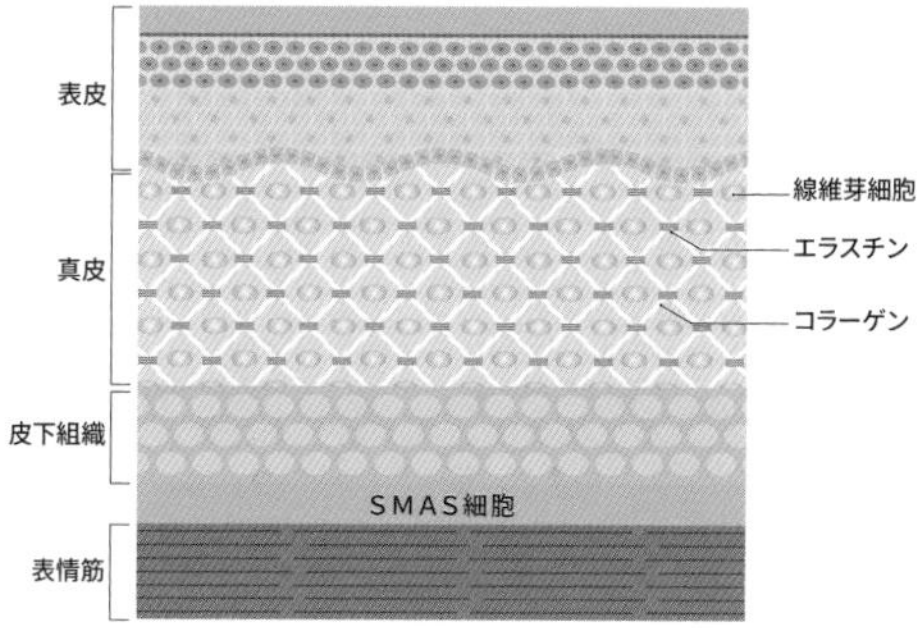

たるんでしまった筋肉を復活させるには、化粧品だけでは補いきれません。やはり、皮膚を支える土台である表情筋を鍛えるのがベストです。

また、人は笑っているときに大きく呼吸をします。これは深呼吸に似た状態です。

笑うことにより酸素が多く体内に入れば、血流も良くなります。血流が良くなれば新陳代謝《しんちん》が上がり、たるみの解消、肌や髪にもツヤが増してくるでしょう。笑顔の美容効果は絶大です。

嘘の笑顔でも十分幸せになれる

笑顔が素敵な人や、肌ツヤが良くてきれいな人を見ると、「あの人は、きっと幸せだからあんなに素敵な笑顔になるのだろう」「裕福な生活をしていてスキンケアにたくさんお金をかけているんだろう」と思うかもしれません。

しかし、真実は**「笑顔が素敵だから、幸せになっている」「笑顔が素敵だから、美しさを保っている」**のです。

卒業アルバムに笑顔で写っていた人と、そうではなかった人の数十年後を調査した結果、笑顔で写っていた人のほうが、健康、経済、精神と人生のあらゆる面で幸福度が高かったという興味深い研究結果もあります（『卒アル写真で将来はわかる　予知の心理学』マシュー・ハーテンステイン／文藝春秋）。

「卒業アルバム研究」は、さまざまな場所で行なわれていて、どの報告でも笑顔でいた人たちのほうが、そうではなかった人たちに比べて、客観的に見て成功や幸せを掴み取っていました。

もちろん、写真が撮られた時点で人生のすべてが決まるわけではありませんが、写真の中で笑っている人たちは、前向きに感情をコントロールできて、より幅広い社会や人との繋がりを構築していたのではないかと推測できます。

ただし、そもそも日本人は総じて笑顔で写真に収まることが苦手ですから、自分の過去の写真を見て、笑顔でなくても落ち込んだり、がっかりしないでください。

自然な笑顔になれる表情筋のトレーニングに取り組んでみて、これからたくさん笑顔になることができれば、あなたの未来は笑顔で溢れるものに変えられます。

笑顔の効能は無限大です。自分でつくり出せる魔法の杖を誰もが持っています。

Part 2

絶対に押さえておきたい基本のトレーニング8選

トレーニングを始める前に

自分の顔のクセを知ろう

基本のトレーニングに入る前に、自分がどんな顔のクセを持っているかを知ることから始めましょう。

よくある例を挙げてみますので、自分が抱えている悩みと照らし合わせてみてください。

・目を見開くときに額にシワが寄る
・笑ったときに目尻にシワが入る
・笑うと顔の片側だけに力が入って顔が歪んで見える
・口角がいつも下がって、ほうれい線がよく目立つ
・笑うとあごに梅干しのような凹凸ジワができる
・笑おうとしているのに口角が上がらない

・必要以上に頬や口角に力を入れて話したり笑ったりしている
・話したり笑ったりすると首筋が大きく動く
・眉の高さ、目の開き方などに左右差がある

自覚できるものもあれば、無自覚で気づけないクセもあるかもしれません。

そんなときは、**「無表情の顔」をよく観察してみてください。**

そうするとクセに気づきやすくなり、トレーニングを通して改善しやすくなります。

無表情の顔を観察する際にもポイントがあります。53ページで紹介しますので、ポイントを押さえて自分の顔のクセに気づくようにしましょう。

鏡に映る顔は3割増しできれいに見える

なぜ無表情の顔を知る必要があるかと言うと、それがあなたの**顔の現在地であり、表情筋のデフォルト、設定値になっている**からです。**自分の無表情の顔をほとんどの人は知りません。**鏡に映る自分は、たとえ寝起き直後であっても、脳内補正で2、3割増しに美化されています。

「目尻にシワが！　フェイスラインがたるんでいる！」とまじまじと鏡に向かっているときでさえ、脳は自分の目に自分を美しく見せています。

まずはその補正をできるだけ外すようにして、自分の現実を直視することが大切です。

正直なところ、誰もが自分の無表情の顔を見ることに消極的です。でも、正しく認識し、正しく表情筋を動かしていくことこそが、顔の悩みを解消する近道になります。

無表情の顔をよく観察しよう

それでは、無表情の顔を観察してみましょう。

姿勢をまっすぐにして、鏡に顔を真正面から映すようにします。これはトレーニングのときにも大切なセッティングです。

猫背など顔が下を向いたままトレーニングをすると、鏡を見るときに眉毛が上がってしまい、それだけで余計な重力がかかって正確に表情筋を動かすことができません。

今、あなたの舌の位置はどこにあるでしょうか？　**舌先が口蓋《こうがい》（上前歯の真ん中2本の歯茎裏）に収まっていればＯＫ**です。

下前歯の裏についている場合（低位舌《ていいぜつ》）は、舌の機能が衰えているため要注意です。舌先が当たる位置が下がっていると、「顎舌骨筋」という表情筋がたるんで二重あごになるなど、フェイスラインの歪みに大きく影響します。

話しにくさやいびき、食べ物が飲み込みにくくなり誤嚥《ごえん》性《せい》肺炎を起こす危険

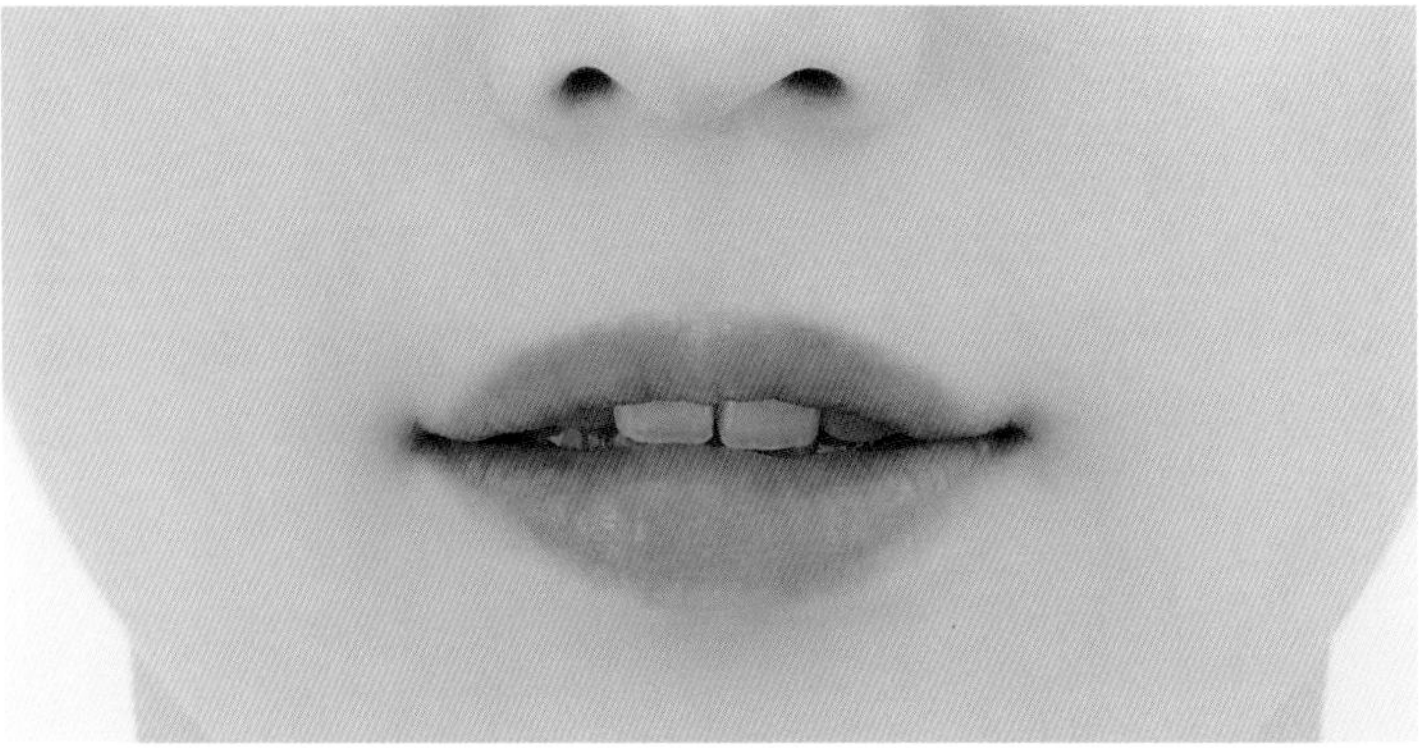

性も増します。トレーニングをするうえでも、**舌のポジションが正しい位置にあるかないかでは、効果に差が出てしまう**ため注意が必要です。

正しい位置に舌があることを確認したら、無表情になってみましょう。顔の力を抜いて、ボーッとリラックスした顔です。

私たちは幼い頃から「口を閉じなさい」と教育されているため、急に「無表情」と言われても無意識に口をギュッと閉じてしまう人が大半です。

口を閉じること自体が、じつは口のまわりの筋肉を使っていて、口に力が入った状態になっています。つまり、本当の意味での無表情ではありません。

じつは私自身もそうですが、もともとわずかに口が開いているほうが、ナチュラルに感じます。

口を閉じてしまう場合は、もう一度、口もとをだらんと脱力させて、無表情になってみてください。口を閉じているより楽な感じがするとしたら、それがあなたの本当の無表情です。

最初から上手にやろうとしなくても大丈夫です。**舌先が正しい位置に収まっていること、口もとが緩んでいること、**この２つを意識してトレーニングを行なっていきましょう。

自己流は事故流！　1日1回ゆっくり丁寧に

トレーニングの基本は、**シワをつくらないように、ゆっくり表情筋を動かすこと**です。筋肉の動かし方のクセをリセットして、正しい動かし方をインプットさせる感覚で行ないます。硬い筋肉は緩めて、衰えた筋肉は鍛える。バランスが大事です。

まず、あなたが確実に結果を出したいと思うなら、**自己流でやってしまったり、他のメソッドと組み合わせたりはしないようにしてください。**

表情筋は普通に生活していると、20～30％しか使っていません。つまり、今のあなたの状態は、同じ筋肉ばかり使っていると考えられます。それを脳は記憶していますから、自己流でやってしまうと結局同じ筋肉ばかり使うことになるでしょう。

その結果、シワなどの悩みが増えるばかりで、なりたい顔にはなれません。

また、表情筋のどこを緩めて、鍛えているのか、あらかじめ理解してから行なうと効果が一層高まります。

顔の造形は人それぞれなので、解剖図と照らし合わせて動かしている表情筋がどこかを知ると、脳の記憶の上書きも正しく行なわれます。主な表情筋の位置は40ページの解剖図を確認してみてください。

表情筋は、骨格筋とは異なり、顔の表層にあるとても繊細で薄い筋肉です。本来、シワが入りやすく、やりすぎればやりすぎただけたるみやシワにつながります。しつこいようですが、**やりすぎは厳禁**です。

回数もそうですが、ギュッと力を入れるように動かしたりしてもいけません。

顔に触れるときは、皮膚を指で上から押さえるだけに留めます。**決して引っ張ったり伸ばしたりしないでください。引っ張ると必ず皮膚はたるみます。**

そして、トレーニングはゆっくりと、焦らず行ないましょう。筋肉は、筋肉の束の中の筋繊維が1つ残らずドミノ倒しのように使われるのが理想ですが、早く動かしてしまうと最初と最後の筋繊維だけが使われて、間にある筋繊維はあまり動きません。それでは効果も半減です。

ゆっくり動かして、ゆっくり元に戻すことで隅々まで筋肉を動かすことができます。

トレーニングは顔を動かしているだけですが、運動なので血流が良くなります。ポカポカしてきたら、水分を補給してください。

また、運動なので同じく準備体操も必要です。いきなり始めるのではなく、61ページから紹介するウォーミングアップを行なってから始めましょう。

表情筋は鍛える前にまず緩める

トレーニングとは言うものの、じつは**筋肉を「鍛える」ばかりではありません。**むしろ、**「緩める」ことのほうが大切**な場面もたくさんあります。

とくに口もとは、１００人いたら１００人の方が力を入れすぎだと言えるほど、ガチガチな状態です。

まずは基本の８つのトレーニングを行なえば、顔全体の表情筋をまんべんなく緩めたり鍛えたりすることができます。

毎日一通り行なえば、表情筋全体の筋力が底上げされて、望む結果も得られやすくなります。時間がないときは、基本中の基本、トレーニング１、２、３だけでも行なうと良いでしょう。慣れれば**わずか1分足らずで行なえます。**

体を鍛えるトレーニングと同じように、毎日コツコツ続けることが何より大切です。**1日1分でも習慣になれば、一生ものの顔を手に入れることができます。**

もちろん、数日ですぐに効果がわかるものばかりではありません。20代くらいままでの若い方の場合は、効果が出るのは1週間後くらいからと早いですが、無表情の状態で、すでにほうれい線や額の横ジワなどがあり、顔のクセが強く出ている方は少し時間がかかります。それでも、3週間もすれば効果が見えてくるはずです。

トレーニングを続けていると、気になる部位のみならず、血色が良くなって肌のくすみが改善されたり、いつもより目がパッチリ開けやすくなったり、笑顔がつくりやすくなったりと、うれしい変化を感じられますから、楽しく続けていくことができます。

最後に、脳に正しい表情筋の使い方を上書きするためにも、トレーニングを行なうときはテレビや動画などを流し観しながら行なうのではなく、**鏡の中の自分をまっすぐ見つめて動作に意識を向けてください。**

慣れてきたら、トイレや通勤時間などのすきま時間に、気になる部分のトレーニングをやってみると良いでしょう。**「今、頬の筋肉を動かしている」というふうに、「どこ」を使っているのか意識できると効果がアップします。**

【ウォーミングアップ】緊張をほぐし、血流を上げる

ウォーミングアップを始めます。これから紹介する３つのポイントに沿って取り組んでみましょう。

椅子に浅めに腰掛け、背筋を伸ばした状態からスタートしてください。

①肩の力を抜く

現代人は肩に力が入りすぎています。すると、肩の筋肉のみならず、顔の筋肉も硬くなりがちで、なかなか緩んでいきません。まずは、肩回りをリラックスさせましょう。

片側の肩に手を乗せて、肘を大きくぐるぐる回します。

次に、両肩を自分の耳に近づけるようにスッと肩をすくめます。それからストンと力を抜くように肩を下げましょう。

肩の力が抜けるまで、この一連の動作を何度か繰り返してみてください。肩の緊張がほぐれていくのがわかります。

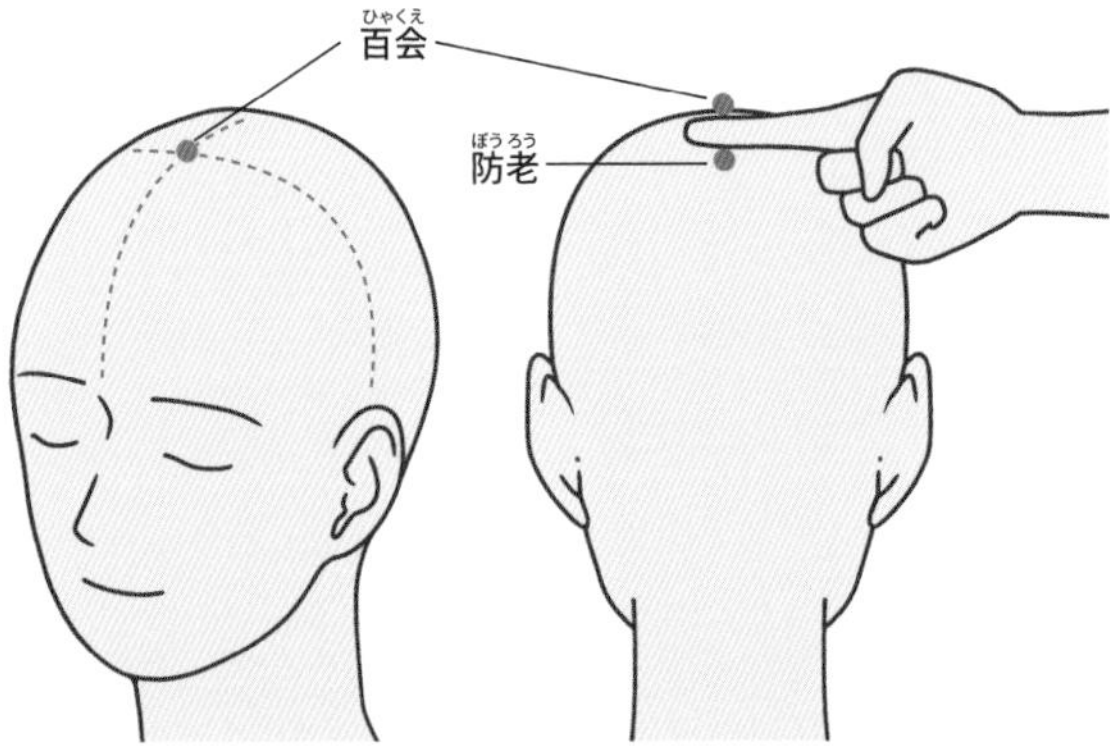

②頭皮をほぐす

頭皮と顔は1枚の皮膚で繋がっています。頭皮が硬くなると顔の皮膚を支える力が弱くなりたるんでしまいます。そこで、弾力を取り戻すためにツボ押しをしましょう。

頭には体全体の3分の1のツボがあります。

ある意味、どこを押しても間違いはありませんが、とくに顔のトレーニングと相乗効果の高い次の2つのツボは押さえておきましょう。

・百会《ひゃくえ》……全身の不調に効く万能のツボです。左右の耳を結んだ

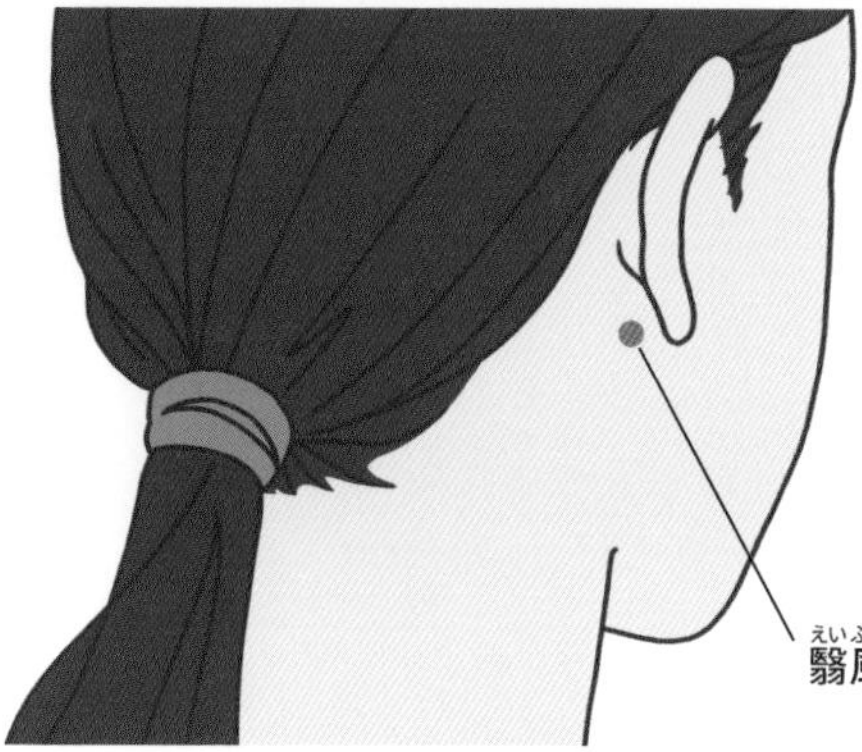

線と頭の真ん中を通る線が交差したところにあります。

・防老《ぼうろう》……老化防止に効果があるツボです。百会のツボから指1本分くらい後頭部へずらしたところにあります。

これらは指の腹で行なっても良いですが、マッサージグッズを使っても効果的です。

グッと押して、振動を与える程度に小刻みに揺らすと筋膜が剥《は》がれます。

③耳のマッサージをする

頭だけでなく、耳にも表情筋を緩める

ツボがたくさんあります。

その代表、翳風《えいふう》（耳たぶの後ろにある骨の出っ張りの下のくぼみ）を押してみましょう。翳風は顔の感覚を脳に伝える三叉《さんさ》神経が出る位置で、刺激することで表情筋の緊張がみるみるほぐれていきます。


次に、耳たぶ回しです。耳たぶを親指と人差し指で持って、前回し、後ろ回し、各5回ずつを目安に行なっていきましょう。

歯を噛みしめたり、咀嚼《そしゃく》したりするときによく働く「側頭筋」と「咬筋」という筋肉があります。

現代人は総じてこの2つがガチガチに硬くなっています。しかも、皮膚から骨に繋がる骨格筋のため、硬くなりやすいという特徴があります。

耳を回すと、その周辺の血流が改善されて、顔がポカポカし、リラックスした状態をつくることができます。

また、リンパの流れも整えることができ、溜まった老廃物も排出されます。美容にも効果テキメンです。

ここまでのウォーミングアップを一通り行なったら、筋肉の緊張がほぐれて血流が良くなっています。

それでは早速次のページから、８つの基本のトレーニングに取り組んでみましょう。

トレーニング1

目のまわりの笑いジワを消す

疲れている印象や老けた印象を与えやすいのが、目のまわりのくぼみやシワですね。なぜそうなってしまうのかと言うと、まず、まぶたは皮膚が薄いうえに、汗腺がなく皮脂腺も少ないため、非常に乾燥しやすい部位です。また、眼球のまわりは空洞になっていて、目を守るように脂肪が被さっていますが、年齢とともにそれが減少して眼球が後ろに下がってくぼんでしまいます。

やっかいなことに、目もとの筋肉は細かく、シワがいろいろな方向に入るため、トレーニングが難しい場所です。しかし、私はこれから紹介する**血流を上げるトレーニングが一番適している**と考えています。

血流を良くして「眼輪筋《がんりん》」や「眼窩部《がんか》（眼球の入っているくぼみ）」を鍛えると、目のまわりのボリュームがアップして、なんと視力まで改善する人もいるくらいです。

目を開けるときに無意識に眉毛が上がるのは、額の筋肉を使って目を開けているからです。本来は、目を閉じても開けても、眉毛の位置は変わりません。額に横ジワが入る、眉上に盛り上がった膨《ふく》らみがあるのも同様です。目のまわりと同じく、額や眉間は脂肪が少ないためシワが固定化しやすい部位だと言えます。

額の筋肉を使ってしまう理由は、「目のまわりの筋肉が緩んでまぶたを引き上げにくくなっている」「目を大きく見せようとして目を見開くことがクセになっている」「目が悪いため目を大きく開いて見ようとしている」など、さまざまです。

年齢に関係なく、このクセがあると額にシワが入ります。額の筋肉を使って目を開けるクセをやめて、正しく目のまわりの筋肉を鍛えましょう。

眉毛が上がってしまう場合のトレーニング方法も紹介しますので、自分に合ったトレーニングを選びましょう。ポイントは、**額を押さえること**です。

このトレーニングでは、眉の筋肉を無理に使わなくなるので、目のまわりのシワのほか、額のシワも薄くなっていきます。

トレーニング 1-1

目のまわりの笑いジワを消す

推奨回数
1日3回

START

まっすぐ鏡を見て、顔に力を入れず、無表情かつリラックスした状態でスタートする。トレーニングはすべてこの状態から始める。

01

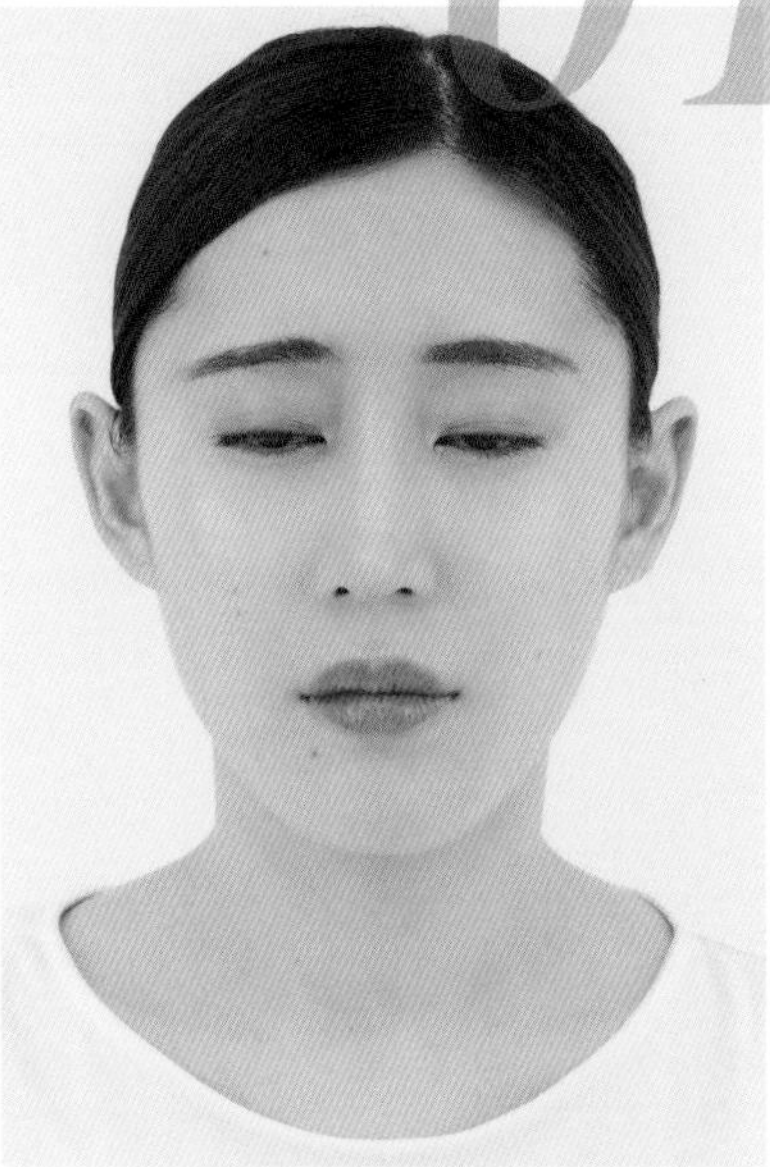

1、2、3、4、5とゆっくりカウントしながら、目を徐々に閉じて薄目になる。

02

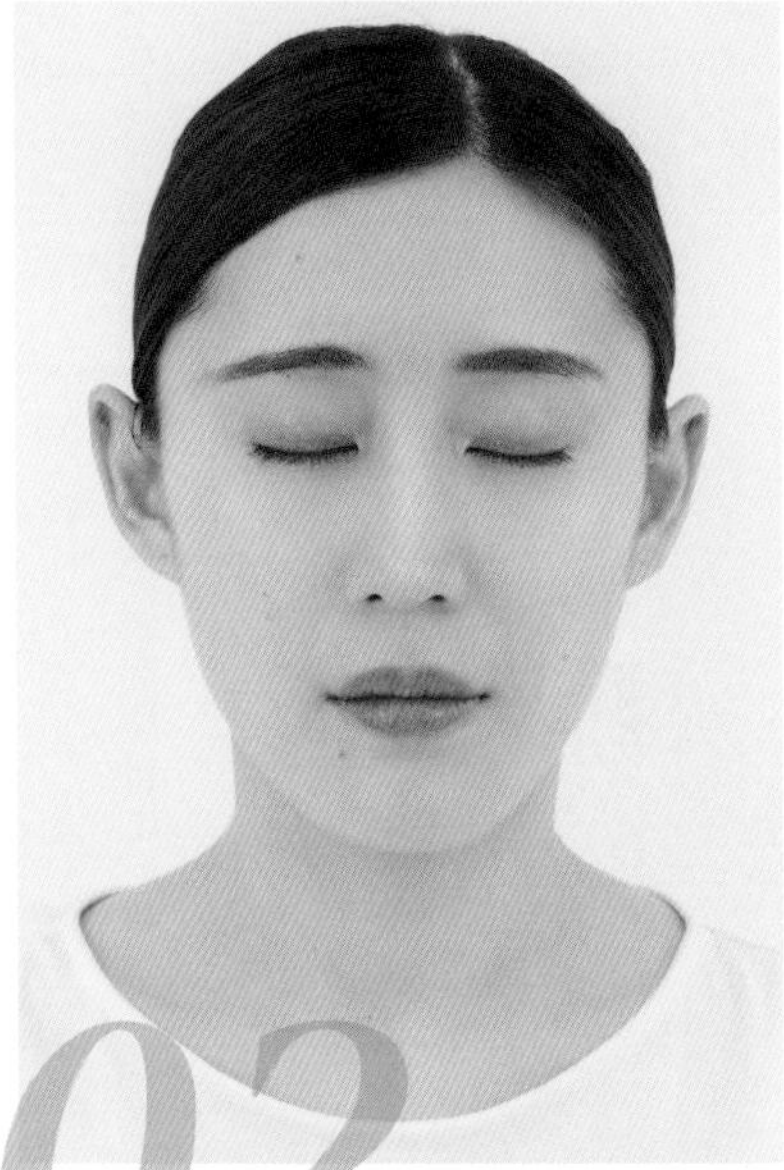

力は入れずに目を閉じる。

＼ 主に働きかける表情筋 ／

眼輪筋　眼窩部

03

1、2、3、4、5とゆっくりカウントしながら目を徐々に緩めて開ける。

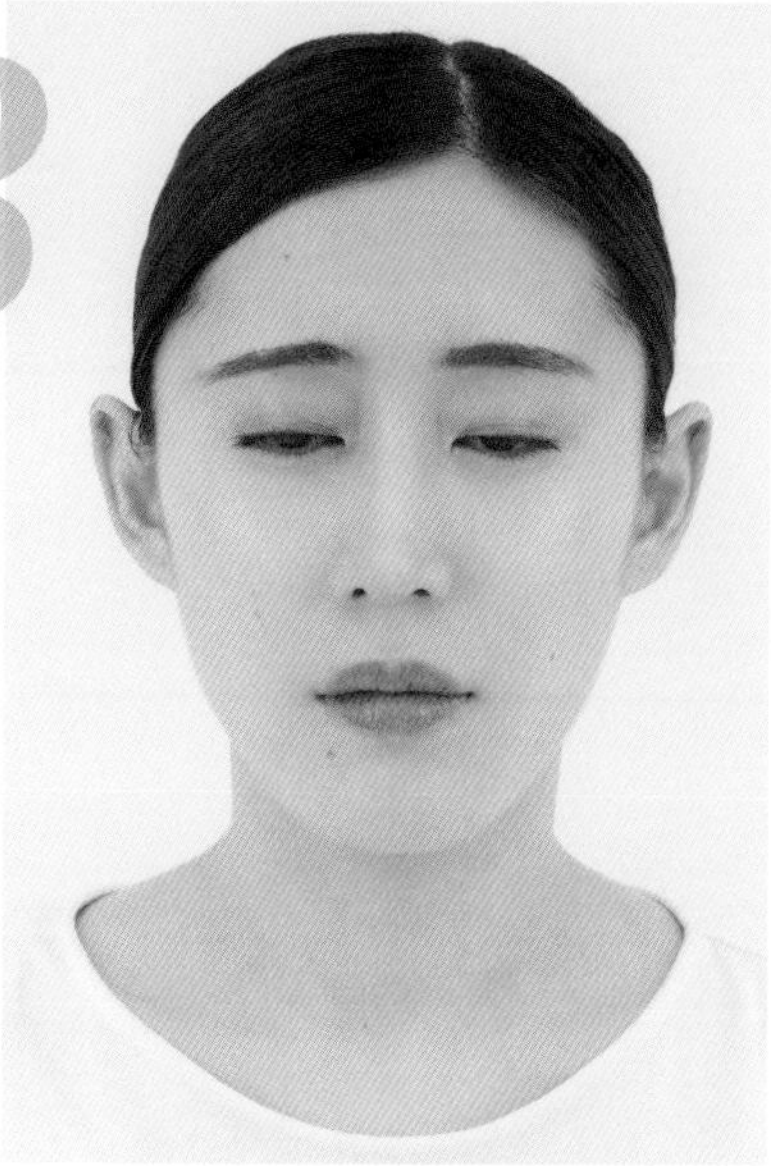

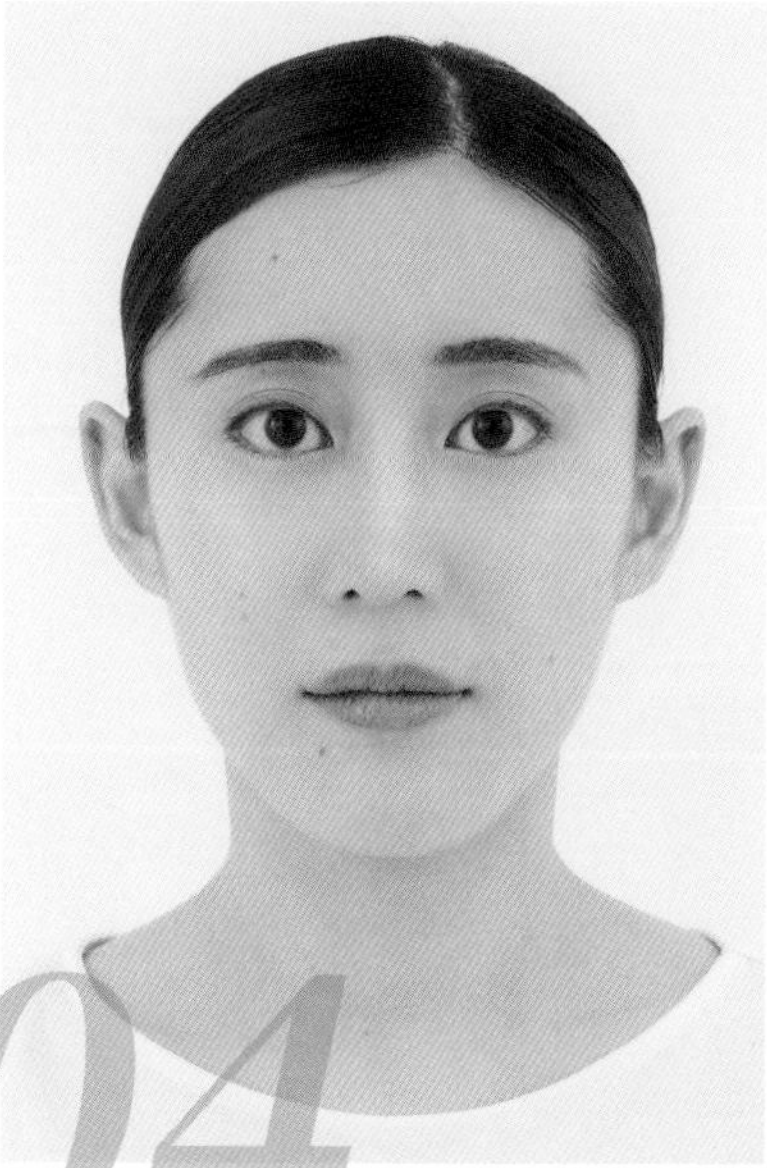

04

無表情の状態に戻る。

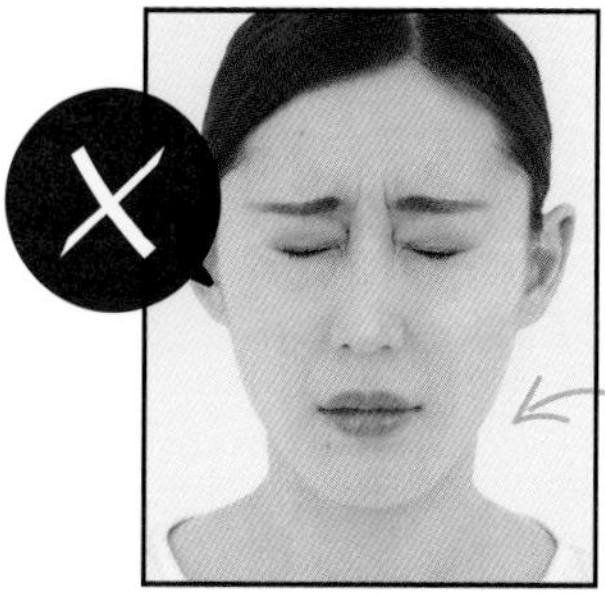

ギュッと力を入れるとシワができるためNG！

トレーニング 1-2

眉毛が上がるクセがある場合

推奨回数
1日3回

額に力を入れず筋肉を緩める。目を閉じた状態で、両眉の上を指の腹で優しくトントンする。

目を閉じたまま指で眉を探り、眉上に薬指を添えて、頭を手で固定する。

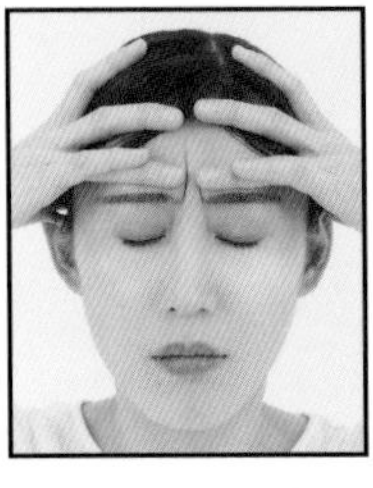

眉間にシワが寄っている。

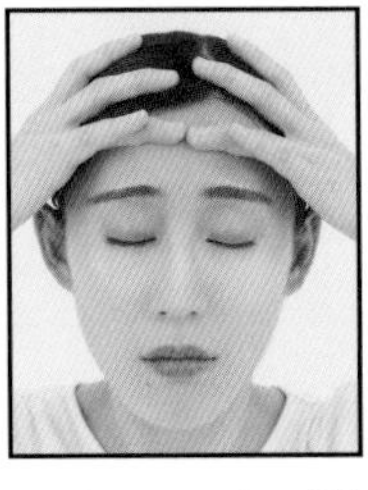

眉上よりも指が離れすぎている。

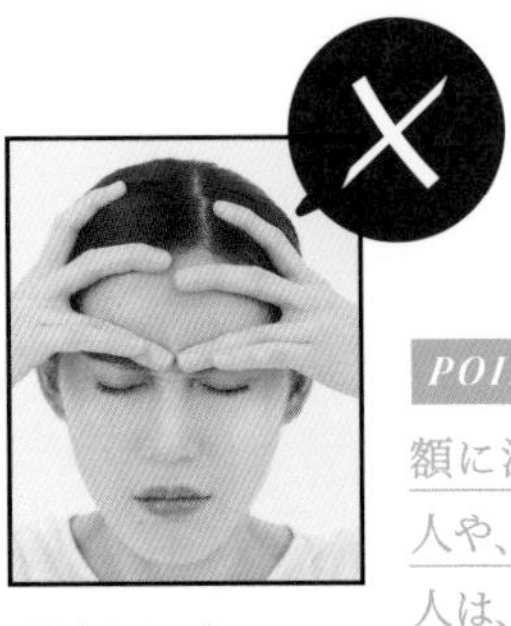

眉を下に向かって押さえつけている。

POINT

額に深いシワが入っている人や、眉を上げるクセがある人は、もう一度目を閉じて軽く指の腹で叩いて緩ませる。

＼ 主に働きかける表情筋 ／

眼輪筋　眼窩部

03

1、2、3、4、5とゆっくり
カウントしながら徐々に目を開ける。

04

完全に目を開けて、
顔を無表情の状態に戻す。

トレーニング2 自然な笑顔をつくる

自然な笑顔をつくるために欠かせない筋肉が「小頬骨筋《しょうきょうこつ》」と「大頬骨筋《だいきょうこつ》」です。小頬骨筋は頬を斜めに引き上げる筋肉で、上唇の上からこめかみの方向に繋がっています。大頬骨筋は口角を上外側に引き上げる筋肉で、口角のあたりからこめかみ方向に繋がっています。

ともに口を開けて「ハハハ」と大きな笑顔をつくるときに使われる筋肉ですが、自分では満面の笑みをつくっているつもりでも、小頬骨筋をうまく使えていない人が多いのが実情です。

じつは、**小頬骨筋こそが自然な笑顔づくりのカギとなる筋肉**です。私はこの筋肉のことを「**笑顔筋**」と呼んでいるほどです。

小頬骨筋が衰えると、頬のたるみや口角の下がりだけではなく、目の下のたるみ、ゴルゴライン（目頭から頬にかけて斜めに伸びるライン）にも顕著に影響を及ぼします。

たとえば「ハハハ」と笑ったとき、小鼻が上がって鼻の横にシワができたり、上前歯の歯茎が見えすぎて引きつった笑顔になったりする場合は、鼻の横の「上唇鼻翼挙筋《じょうしんびよくきょ》」と上唇鼻翼挙筋を引き上げる働きをする「上唇挙筋《じょうしんきょ》」の使いすぎで、小頬骨筋がほとんど使われていなかったりします。

多くの人が普段からこの筋肉を使っていないため、初めはこのトレーニングをしても、うまく口角が上がらないかもしれません。

しかし、数日続ければ徐々にできるようになりますから、無理に口角を引き上げようとして、動かしたくない筋肉を使ってしまったり、シワを寄せてしまったりしないように気をつけましょう。

最初は自分がどれだけ小頬骨筋（笑顔筋）を使っていないかを確認するくらいのレベルで、指で軽く補助しながら焦らず取り組んでみると良いと思います。

トレーニング 2

自然な笑顔をつくる

推奨回数
1日左右各3回

01

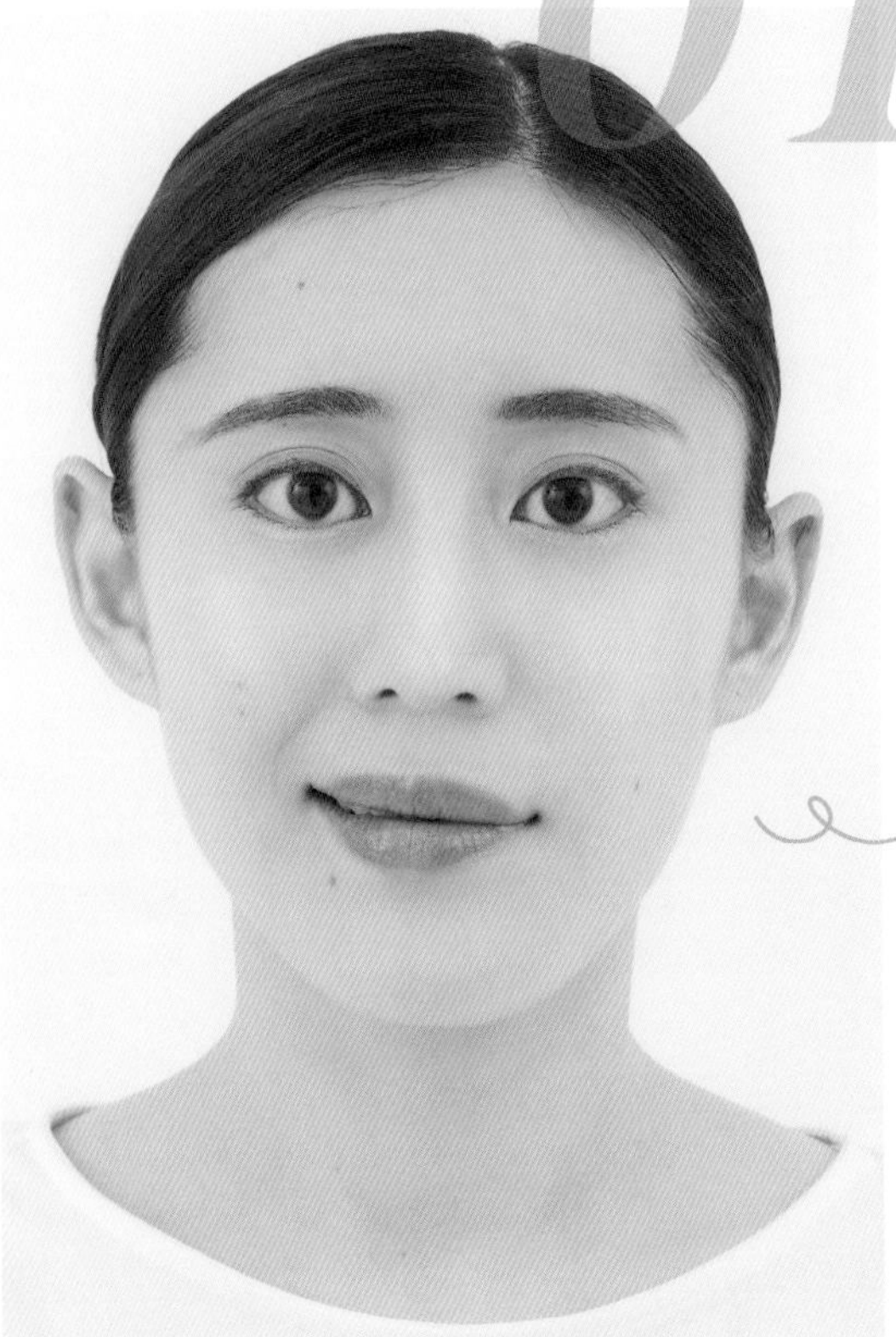

片側の口角を、1、2、3、4、5とゆっくりカウントしながら目尻に向かって上げる。必ず片方ずつ行なう。

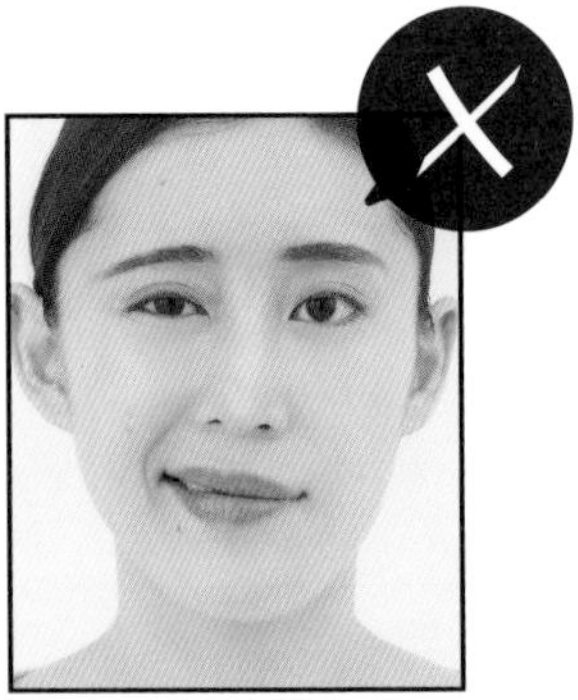

目のまわりの筋肉を使っているため目が歪んでいる。

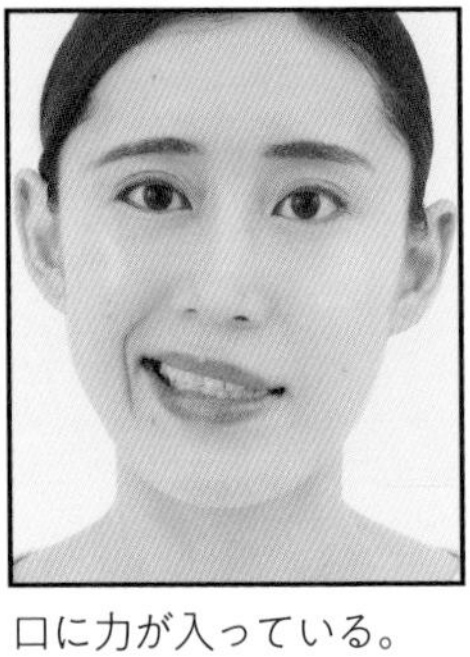

口に力が入っている。

＼ 主に働きかける表情筋 ／

小頬骨筋

02

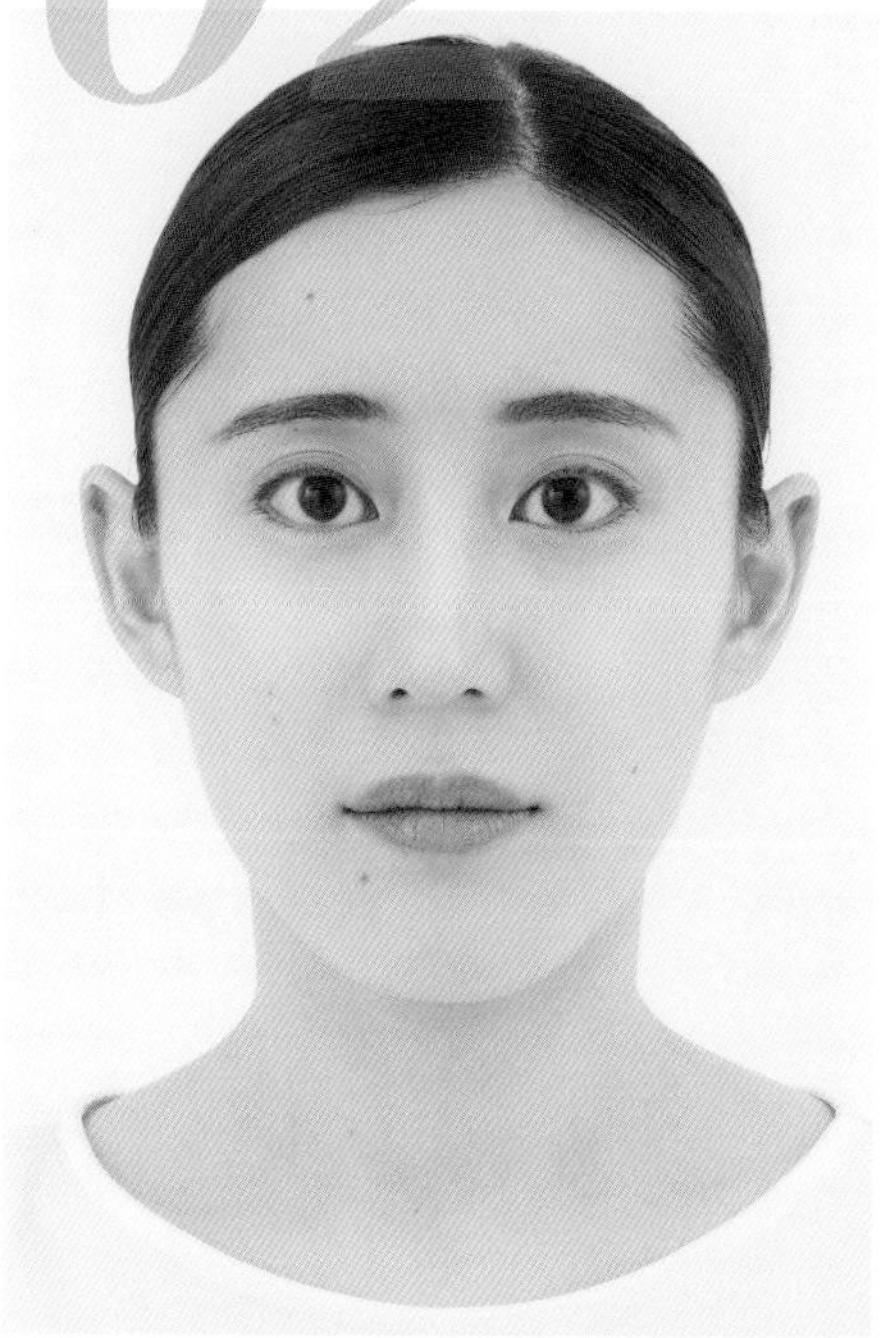

POINT

口角を指で押さえて
補助してもOK！

上げた口角を、1、2、3、4、5とゆっくりカウントしながら戻していき、無表情の状態に戻る。

トレーニング3
口角を左右対称に上げる

笑顔のつくり方に関して、多くの方が勘違いされていることがあります。「笑顔になりましょう」と言うと、口角をグイッと上げて笑顔をつくっていませんか？　口角が上がった表情は好印象を与えると皆さんご存じなので、「いつも口角を意識的に上げています」と、良かれと思ってやっている方が多いのです。しかし、「今日からやめてくださいね」とすかさずお伝えしています。

なぜなら、そのせいで口もとに力が入りすぎて、あごにある「口角下制筋《こうかくかせいきん》」という口角を下げる筋肉を使いすぎてしまうため、結果的に口角が下がってしまうからです。

口もとに力を入れてしまう理由は、**口のまわりの筋肉である「口輪筋《こうりんきん》」が年齢とともに弱くなり、口角が下がってくるから**です。そのために「口角を上げなくちゃ」と力を入れるようになります。

口角が左右非対称になってしまう場合も、まずは口もとを緩めることがポイントです。口角をグイッと上げる筋肉をお休みさせます。そして、**「口角で笑う」ではなく「頬で笑う」ように意識をしましょう。**頬が上がれば、口角はつられて上がります。

そうして口もとを緩めて、頬が上がると、リラックスしたオープンな印象を与える素敵な笑顔に変わります。その笑顔をつくるかんたんなトレーニングが、ストローを使った方法です。

普段から頬の筋肉を使っていないと、初めは思うように動かないかもしれませんが、毎日３回丁寧に行なうと、だいたい10日ぐらいで頬の力がついて、左右対称の素敵な笑顔がつくれます。

なお、受け口（下の歯が出ている）、しゃくれ（下あごが出ている）、切端咬合《せったんこうごう》（上下の歯先が重ならずぶつかり合っている）の方は口もとに力が入りやすい傾向がありますが、歯並びがあまり良くないとしても、このトレーニングでうまく笑えるようになれますので、あきらめないでくださいね。

トレーニング 3

口角を左右対称に上げる

推奨回数
1日3回

（ストロートレーニング）

01

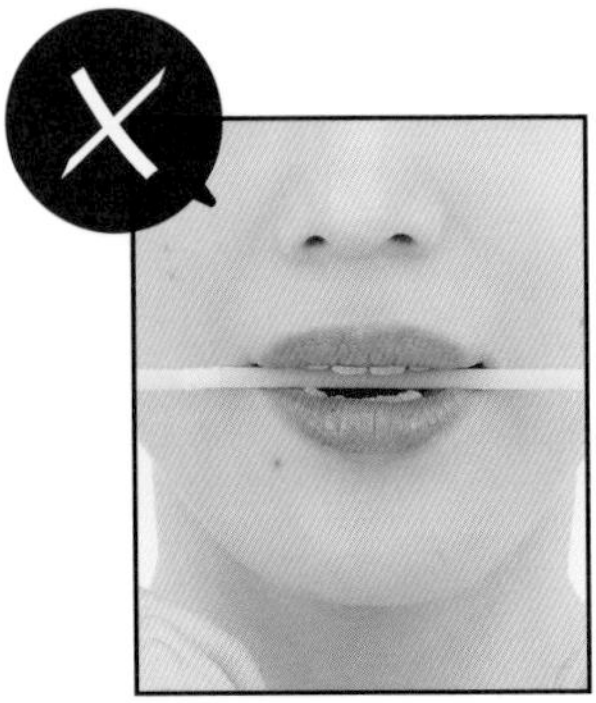

強く噛んでいるため、
下の歯が見えている。

POINT
くわえたままストローがくるくる回るくらい、口の力を抜く。

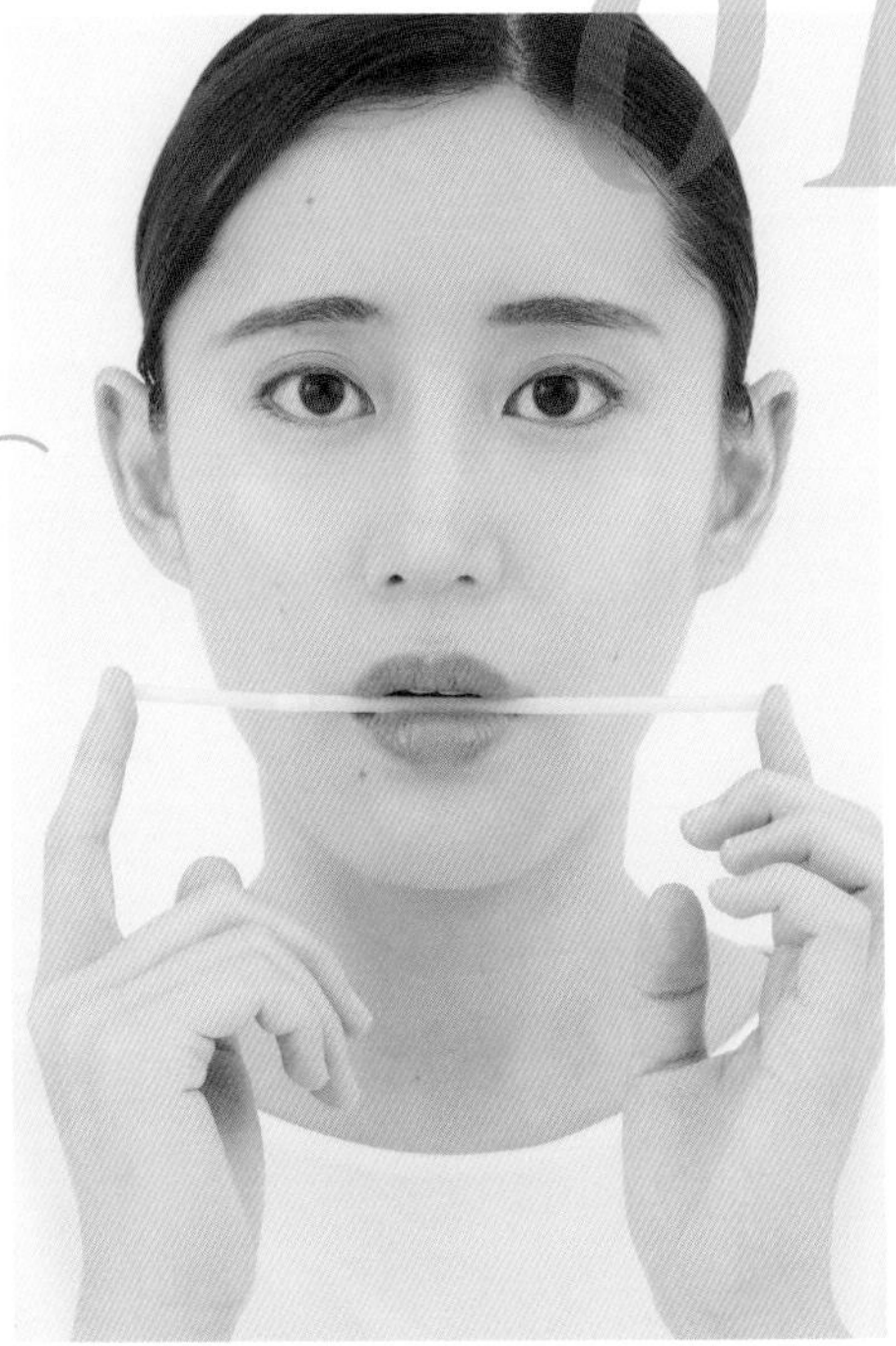

ストローを歯で軽くくわえる。このとき、歯でストローをギュッと強く噛まないように注意する。

＼ 主に働きかける表情筋 ／

大頬骨筋　小頬骨筋

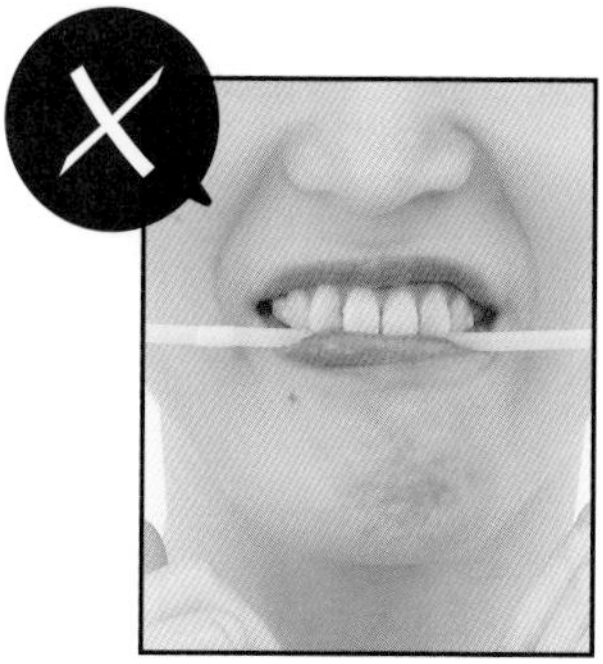

強く噛みしめているため、
あごにシワが入っている。

POINT
まったく口角が上がらない場合は、
一度パーンと大きく笑顔をつくって
筋肉を動かしてから行なうと良い。

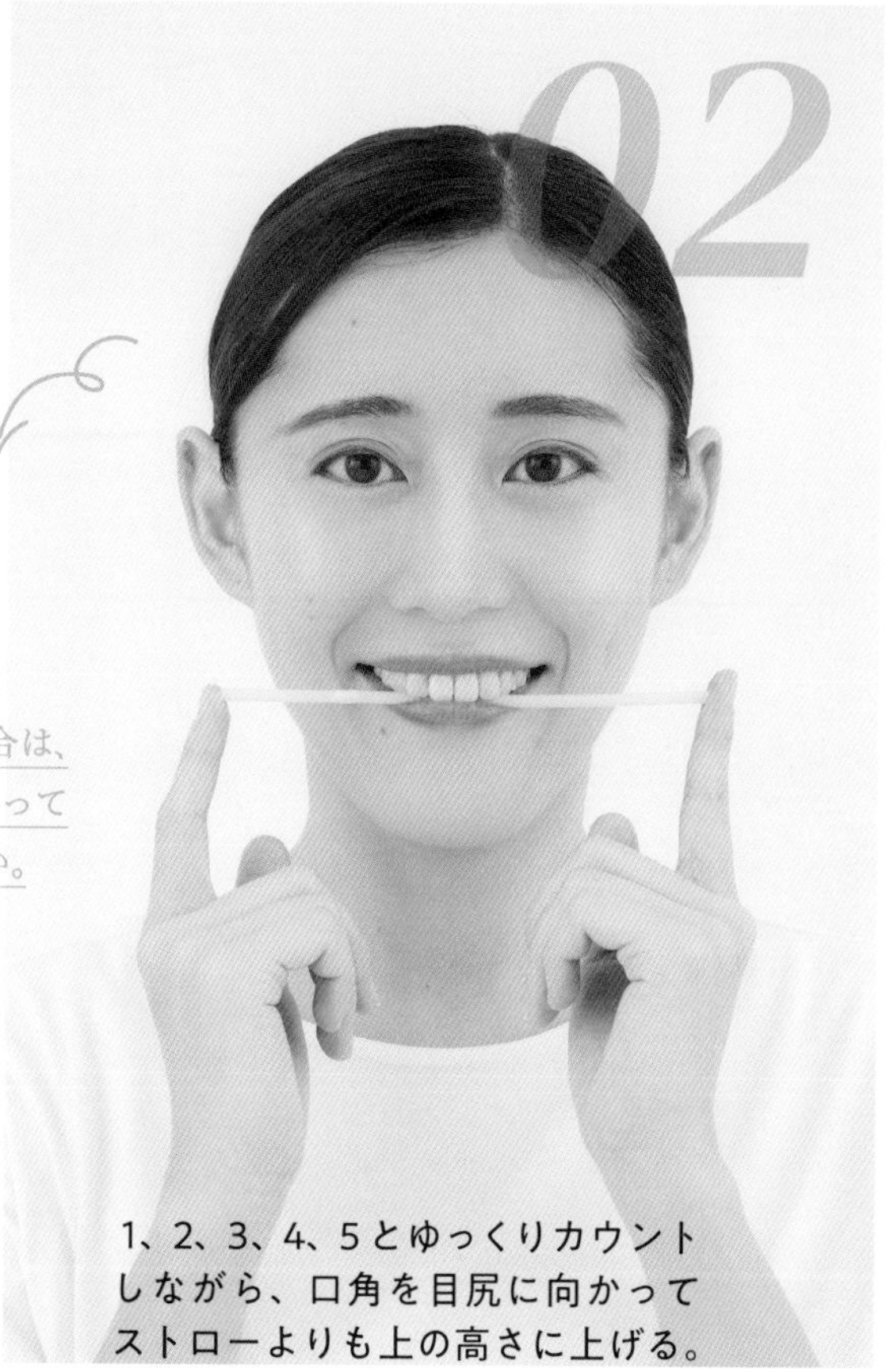

02

1、2、3、4、5とゆっくりカウントしながら、口角を目尻に向かってストローよりも上の高さに上げる。ここで、5秒間キープする。

03

1、2、3、4、5とゆっくりカウントしながら無表情の状態に戻る。

トレーニング4
たるみやほうれい線を消す

「ベロ回し」は、顔のたるみやほうれい線、口まわりのシワの解消に役立つ、顔のトレーニングの定番です。リンパが流れやすくなって、むくみや肌のくすみの改善、いびきや口腔トラブルの改善にも効果があります。

かんたんなトレーニングなのに、全体的なフェイスラインが引き締まって、美容面の効果が高いだけではなく、健康面の向上も期待できる、すごいトレーニング法です。

試してみたことがある方も多いかもしれませんが、そのベロ回しは、口をギュッと閉じた状態で、舌を高速でぐるぐる回すやり方ではないでしょうか？

じつは、そのやり方を続けた結果、「余計に顔がたるんでしまった」とか「口まわりのシワが余計にひどくなった」と、相談に来られる方が後を絶ちません。

それもそのはず、ベロ回しの目的は、**舌を根元から回して舌の筋肉を鍛える**

ことや、内側から血流を促したり、ほうれい線や口まわりのシワに刺激を与えたりすることです。

つまり、外に向かって力を発生させる動きなのですが、口をギュッと閉じて行なってしまうと、舌が伸びやかに回らず縮んでしまったり、口まわりやあごの筋肉に力を入れてしまったりして、余計に負荷がかかってしまいます。

そのために、皮膚が伸びてしまい、たるみやシワを深めてしまうのです。

口の力を抜いた状態で舌を回すと、根元から大きく回すことができて力が入らず、その効果は絶大になります。

上側をなぞるときにギュッと力を入れないようにしているのに、どうしてもあごに梅干しジワが入るときは、あごに軽く指を置き、シワを押さえながら行なってみてください。

また、回しているとあごからカクカクと音がなる人は、無理せず控えるようにしましょう。

トレーニング 4

たるみや
ほうれい線を消す

推奨回数
1日左右
各3回

01

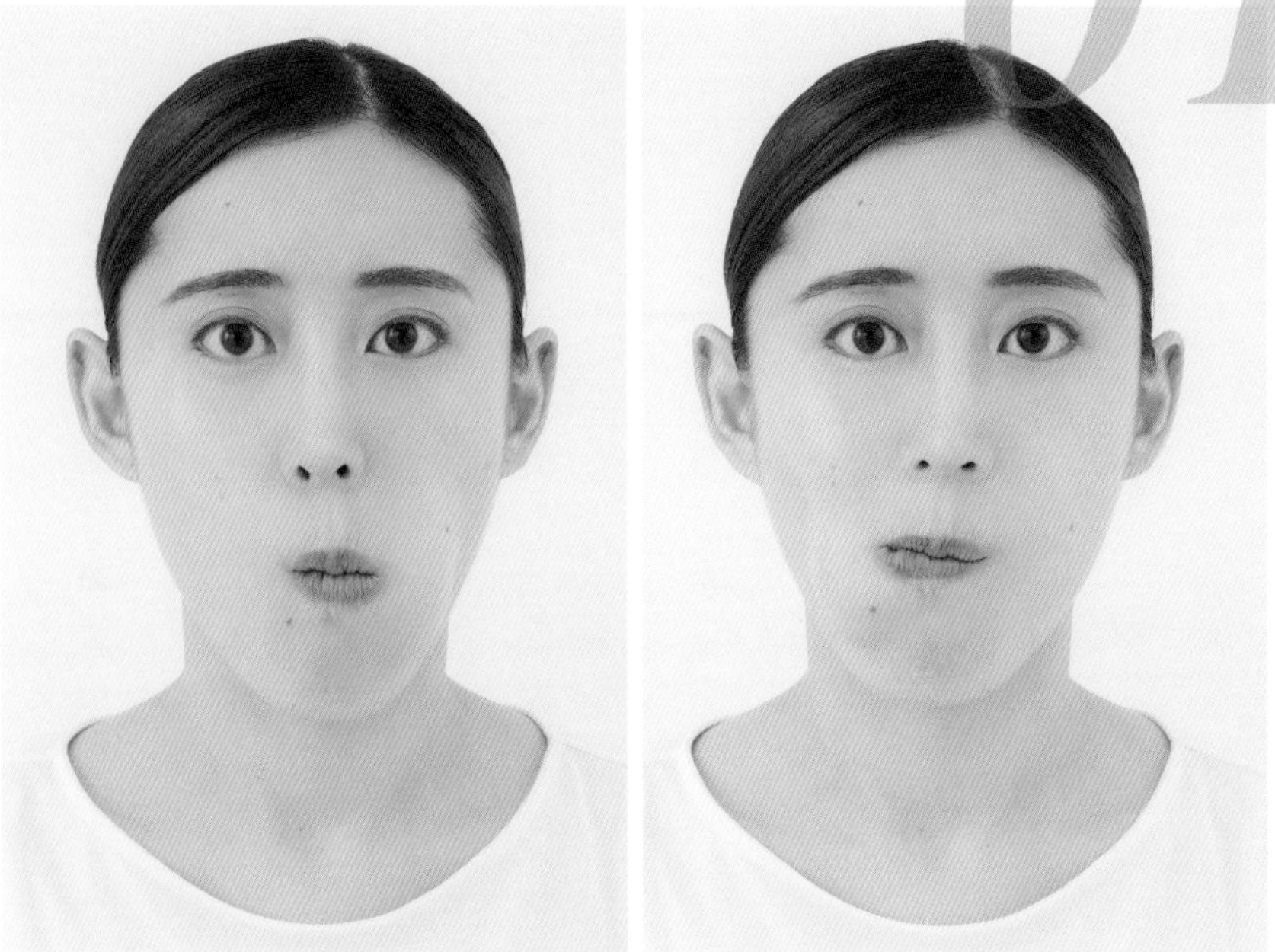

1、2、3……8、9、10とゆっくりカウントしながら
口腔内で舌を1周回す。このとき、口もとの力は抜く。

＼ 主に働きかける表情筋 ／

大頬骨筋　小頬骨筋

口輪筋　頬筋　笑筋

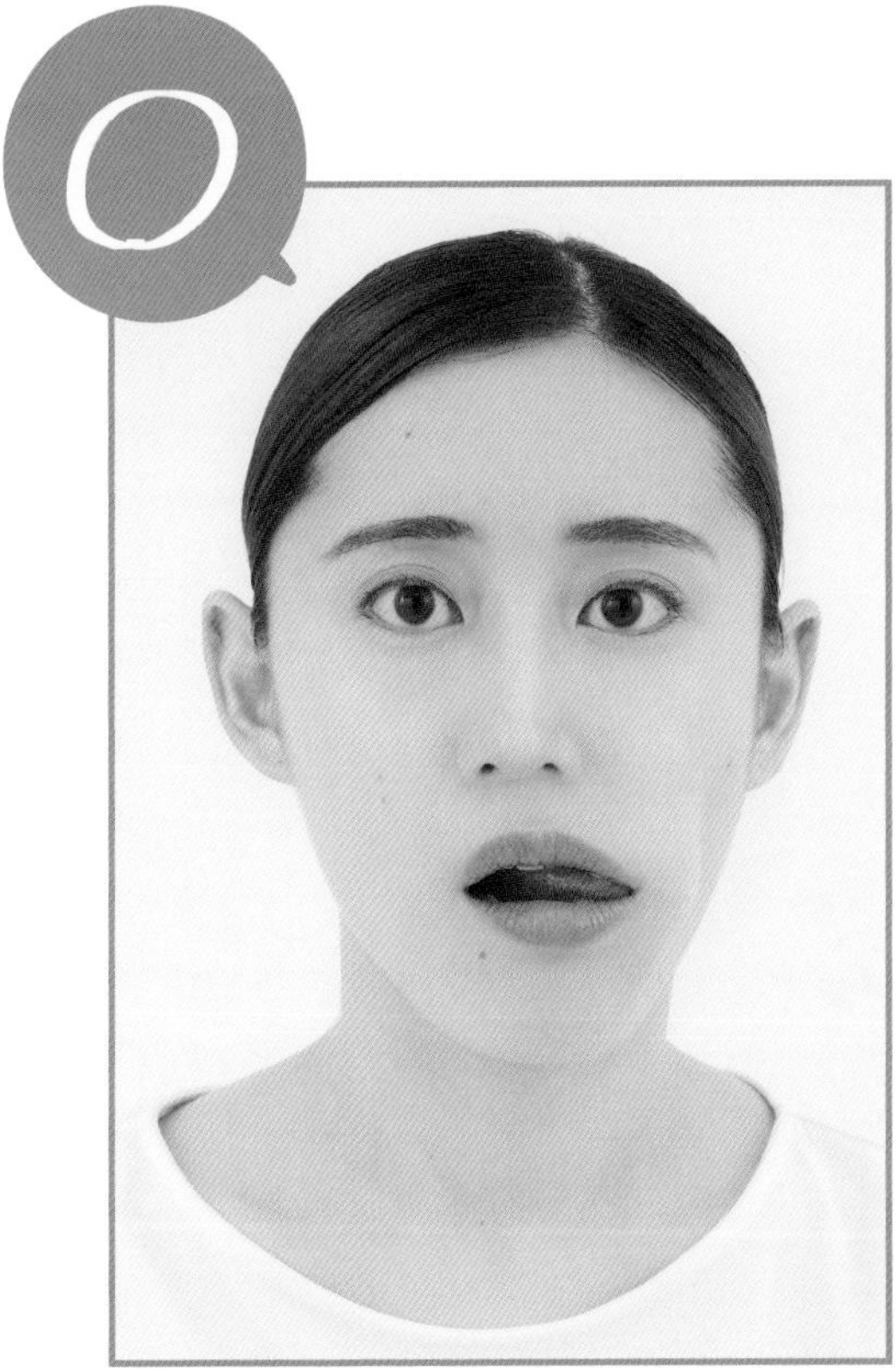

POINT

あごで回さないように注意！　口もとに力が入ったり、顔が動いてしまう場合は口を開けて口もとを緩めて回すようにする。

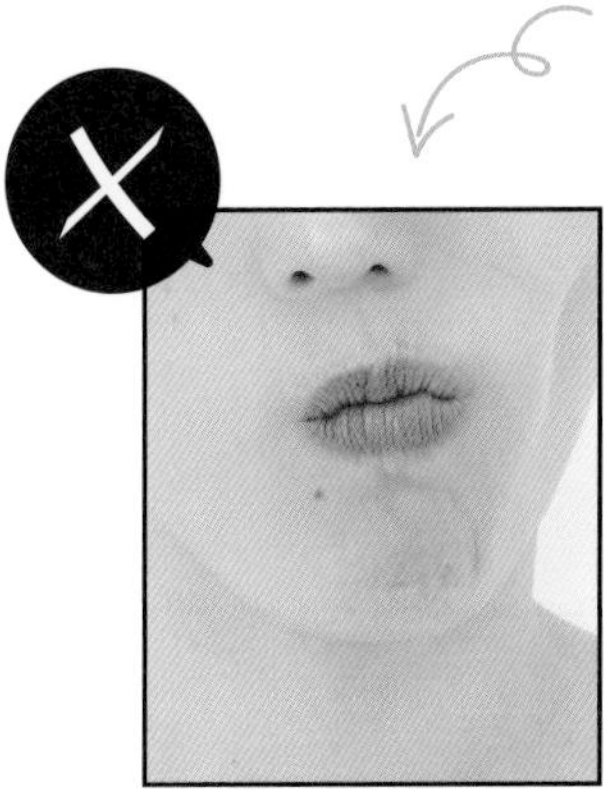

力が入りすぎて
あごにシワが寄っている。

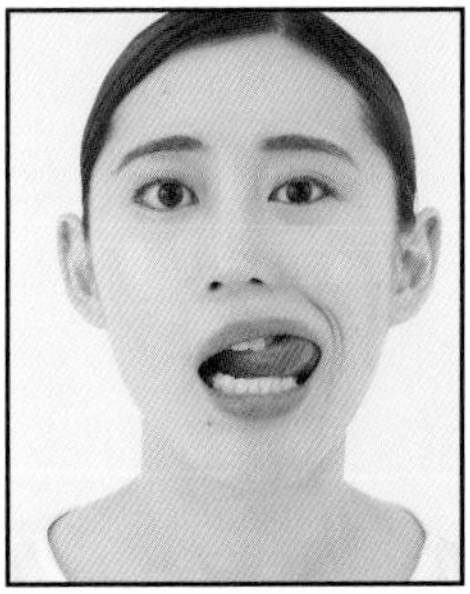

下の歯を見せながら
回している。

トレーニング5
口まわりのシワを予防する

絵で人の顔を描くとき、口の横に2本線を入れるだけで、たちまち老けた印象になりますね。

ほうれい線などの、口もとのシワに大きく関係しているのが、「口輪筋」という口を中心に放射状にぐるりとついている筋肉です。主に唇を閉じたりすぼめたりするときに使いますが、普段から意識して動かすことが少なく、衰えやすい筋肉です。

口輪筋は、年齢とともに筋力が弱まりますが、そもそも日本語がさほど口を開けなくても発語できる言語であることも大いに関係しています。たとえば、英語は「O」「R」「E」などで口輪筋をたくさん使いますが、日本語にはそこまで口を大きく動かすものはありません。日常的に使う言語で口まわりの筋肉を使わないとなると、やはりどんどん筋肉は衰えてしまいます。

年齢とともに唇の色が薄くなってくすんでくるのも、口まわりの筋肉が衰えている証拠です。

また、口輪筋が衰えると、口はポカンと開きがちになります。すると、日本人は「口を閉じる」という教育が潜在意識にまで沁《し》み込んでいるため、**無意識のうちに口を閉じようと力を入れます。**そのとき、口輪筋ではなくて「オトガイ筋」などの下あごを持ち上げる筋肉で口を閉じている人が大多数です。あごまわりがガチガチだったり、指で押すと痛みを感じる場合は、その使い方がクセになっています。

一般的に「口を閉じなさい」と言われる理由は、「だらしない」というものもあれば、バイ菌などが入るリスクを考えてのものもあるでしょう。

それはごもっともなのですが、**美容のためを考えたら、口もとを緩めることが重要**です。人前で口をポカンと開けるまではしなくても、1人でいるときや、マスクをしているときなどは、口を開けて緩めるようにしてみましょう。

それだけでも**口まわりの余計なシワやたるみの予防になります。**そのうえで、口輪筋を鍛えていくと良いでしょう。

トレーニング 5

口まわりのシワを予防する

推奨回数

1日3回

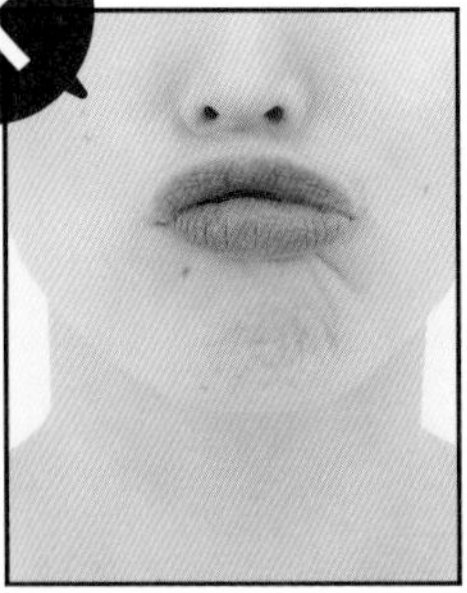

力が入って、あごにシワができている。

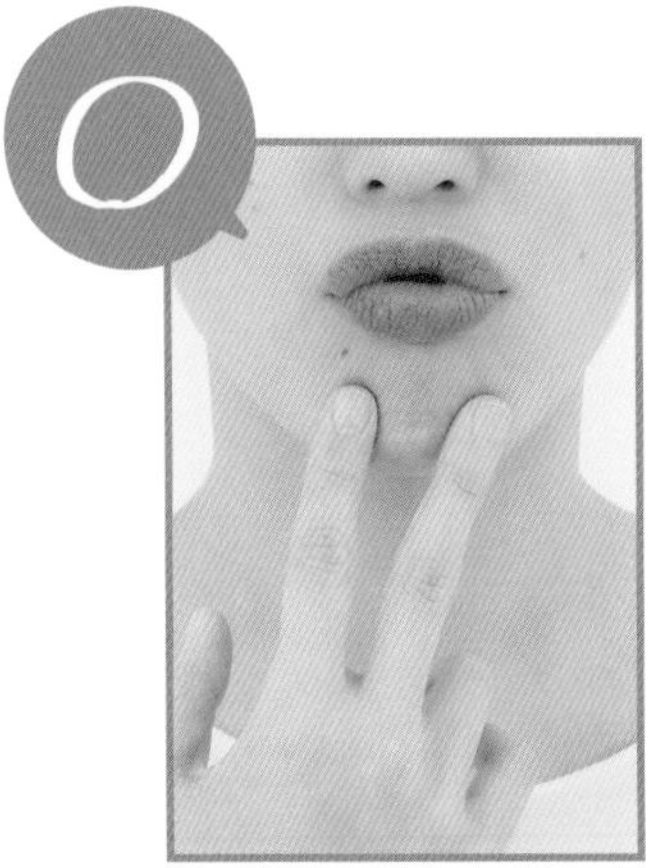

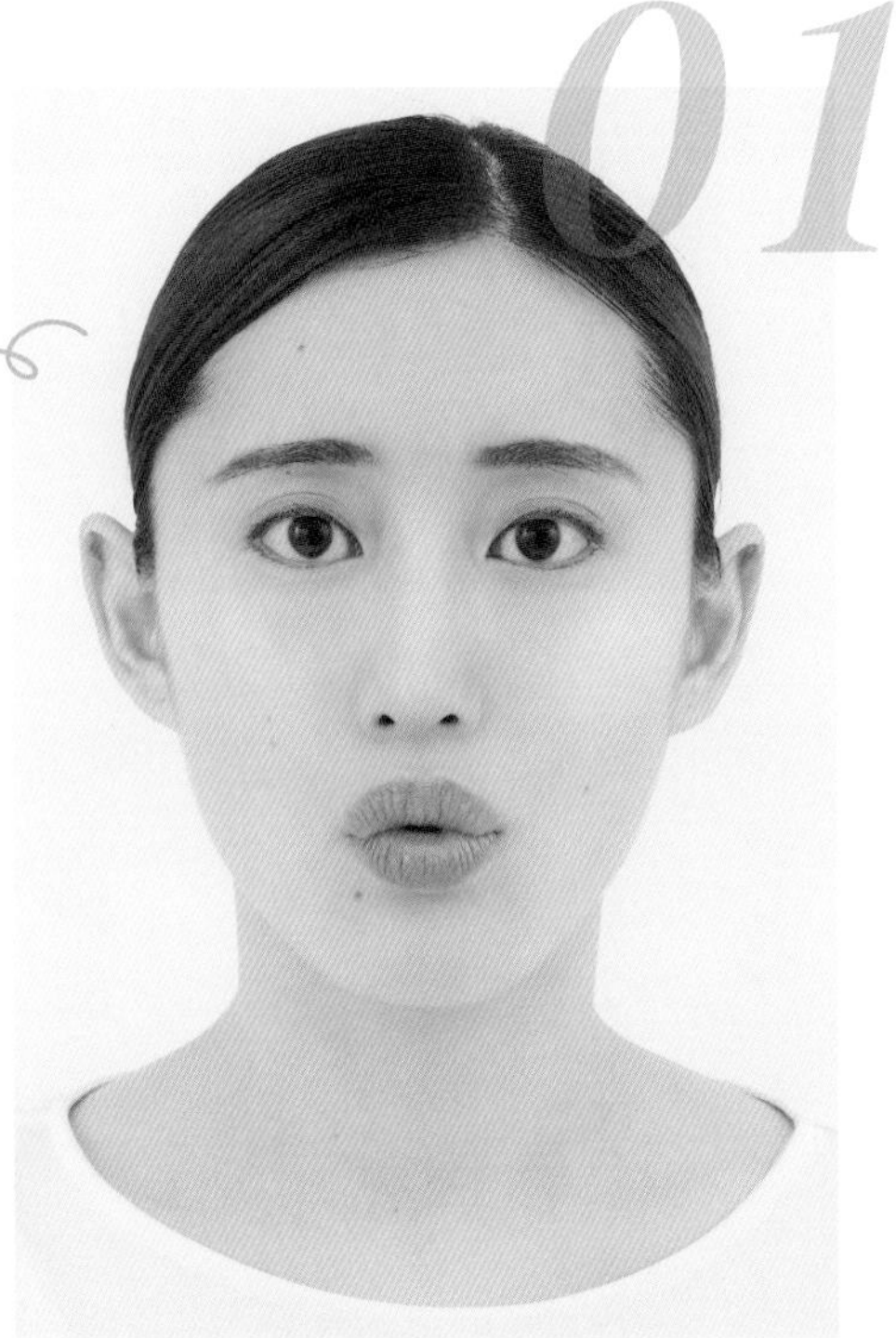

1、2、3、4、5とゆっくりカウントしながら、唇を「う」の形にすぼめて突き出す。

POINT

あごにシワができてしまう場合は、指で軽く押さえてもOK!

＼ 主に働きかける表情筋 ／

口輪筋

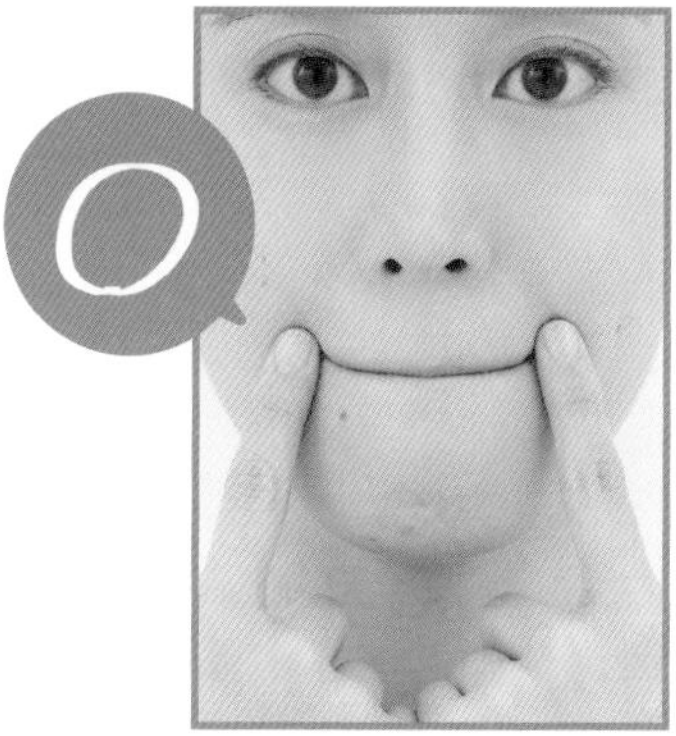

POINT
口角にシワができてしまう場合は、指で軽く押さえてもOK！

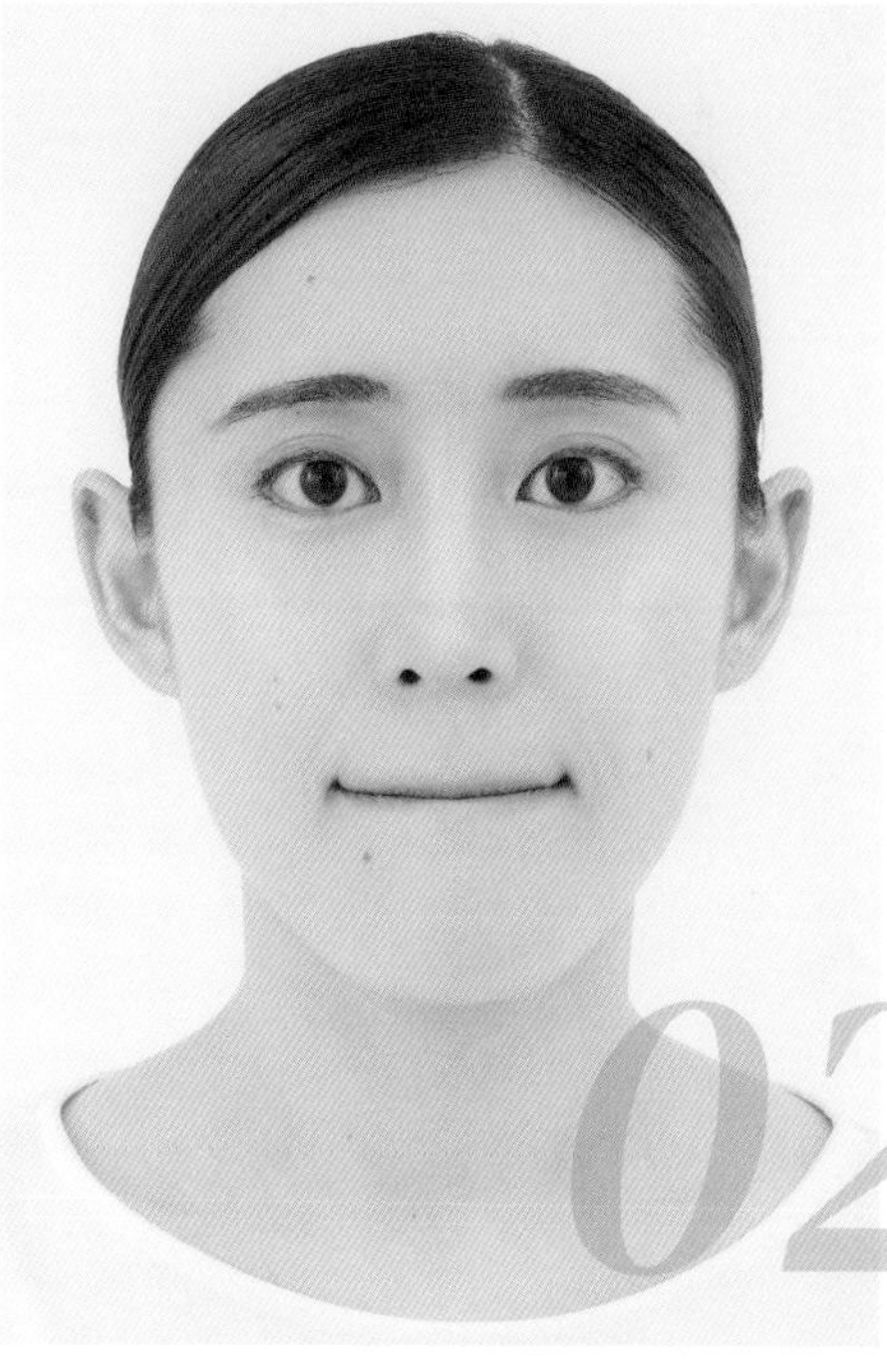

02

1、2、3、4、5とゆっくりカウントしながら、突き出した唇を「ん」の形にして、唇が見えなくなるまで歯の内側に巻き込む。

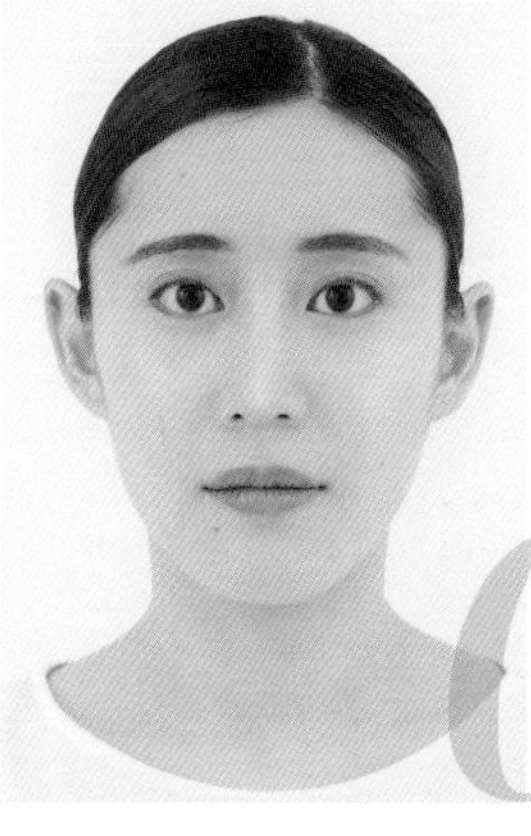

03

1、2、3、4、5とゆっくりカウントしながら、無表情の状態に戻る。

トレーニング6

四角いフェイスラインをスッキリさせる

太ったわけでもないのに、最近二重あごが気になるという方が多くいらっしゃいます。

長時間のスマホ使用や、椅子に座りっぱなしで俯《うつむ》いて作業をする時間などが増えていませんか？

今や生活必需品であるスマホですが、顔は斜め下を向き、首が前傾した状態だと、重力の影響で首やあごにたるみができてしまいます。そのために、二重あごになってしまったり、フェイスラインのスッキリさがなくなり、もたつきに繋がります。

これらを解消するためには、「顎二腹筋《がくにふくきん》」を鍛える必要があります。顎二腹筋は、耳の下からあごの真ん中あたりについている筋肉です。

顎二腹筋を鍛えると、あごのたるみや二重あごが解消され、全体的な顔のバ

ランスが整い、フェイスラインをスッキリとさせることができます。

114ページで紹介する「顎舌骨筋」に働きかけるトレーニングを行なうと相乗効果が期待できますので、ぜひあわせて試してみてくださいね。

なお、二重あごの予防としては、日常で姿勢を良くすることや、舌の位置が正しく口蓋についていること（53ページ参照）を意識するのも重要です。

トレーニング 6

四角いフェイスラインをスッキリさせる

推奨回数
1日3回

01

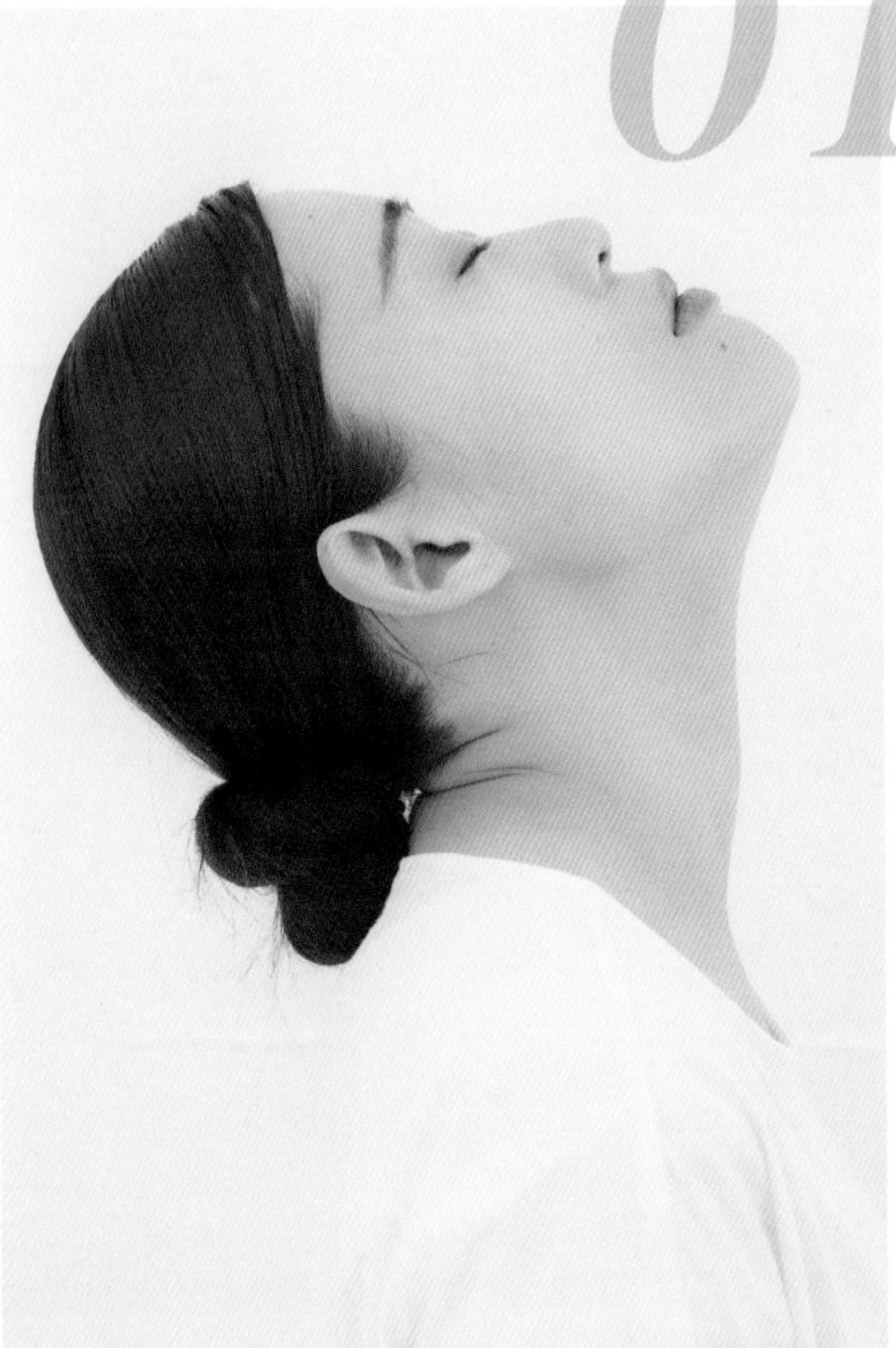

START

68ページのSTARTの状態から、さらに背筋をしっかり伸ばす。

目を閉じて、顔をゆっくり天井に向ける。

POINT

目を開けたまま上を向くと眉が上がってしまうため、必ず目を閉じてから上を向く。

＼　主に働きかける表情筋　／

顎二腹筋

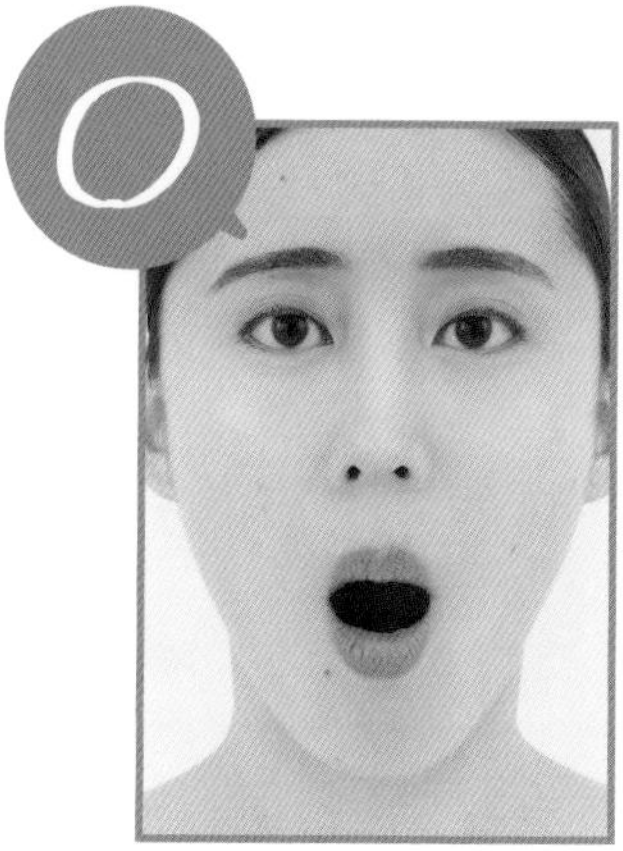

POINT

「ムンクの叫び」のように
縦開きで口を開ける。

口を「お」の形にして、
力を抜いた状態でぽかんと開ける。

1、2、3、4、5とゆっくりカウントしながら、
あごを上に向けた状態で口を閉じる。

POINT

首からあごにかけてグーッと引っ張られる
感覚があればOK！

トレーニング7 目をパッチリ大きくする

「若い頃より目が小さくなってしまって……」という悩みを、40代以降の方からよく伺います。加齢によって実際に眼球の大きさが変わることはありませんが、皮膚や筋肉の変化によって目が小さく見えるようになるのは事実です。

私たちは何気なく目を開けていますが、まぶたの裏にある「上眼瞼挙筋《じょうがんけんきょ》」という筋肉が働いて、目を開けることができています。上眼瞼挙筋が収縮すると、腱膜《けんまく》（筋肉が付着するための土台として機能する線維組織）に引っ張られるようにして瞼板《けんばん》（結膜の裏にある結合組織でできたやや硬い支持組織）が持ち上がり、まぶたが開くという仕組みです。

しかし、**目にはつねに重力がかかっている**ので、その力は年齢とともに衰えていきます。すると、額の筋肉が目を開けるのを手伝い始めます。それが額の横ジワになったり、眉上にポコッと現れる筋肉の盛り上がりになります。

そもそも目を普段開けているときは、全開の状態ではありません。**目を開け**

る筋肉は、約20％ほどしか使われていないので、上眼瞼挙筋を鍛えると、必然的に目をパッチリさせることができます。

注意が必要なのは、目が開きにくくなる眼瞼下垂《がんけんかすい》という症状を持っている方です。上眼瞼挙筋が伸びきってしまい、上まぶたが瞳を覆うように垂れ下がって目が見えにくくなっている状態です。

こうなると、残念ながらいくらトレーニングをしても解消されません。手術が必要になることがほとんどですが、トレーニングをすることでその予防にはなります。術後、再発防止のために取り組んでいる方もいます。

専門家が言うには、日頃ハードコンタクトをつけている方が眼瞼下垂になりやすいそうです。コンタクトを外すときにまぶたをつまんだり、引っ張ったりするときに、腱膜を傷つけてしまうことが関係しているようですから、くれぐれも気をつけてくださいね。

トレーニング 7

目をパッチリ大きくする

推奨回数
1日3回

01

額に力を入れず筋肉を緩める。目を閉じた状態で、両眉の上あたりを指の腹で優しくトントンする。

02

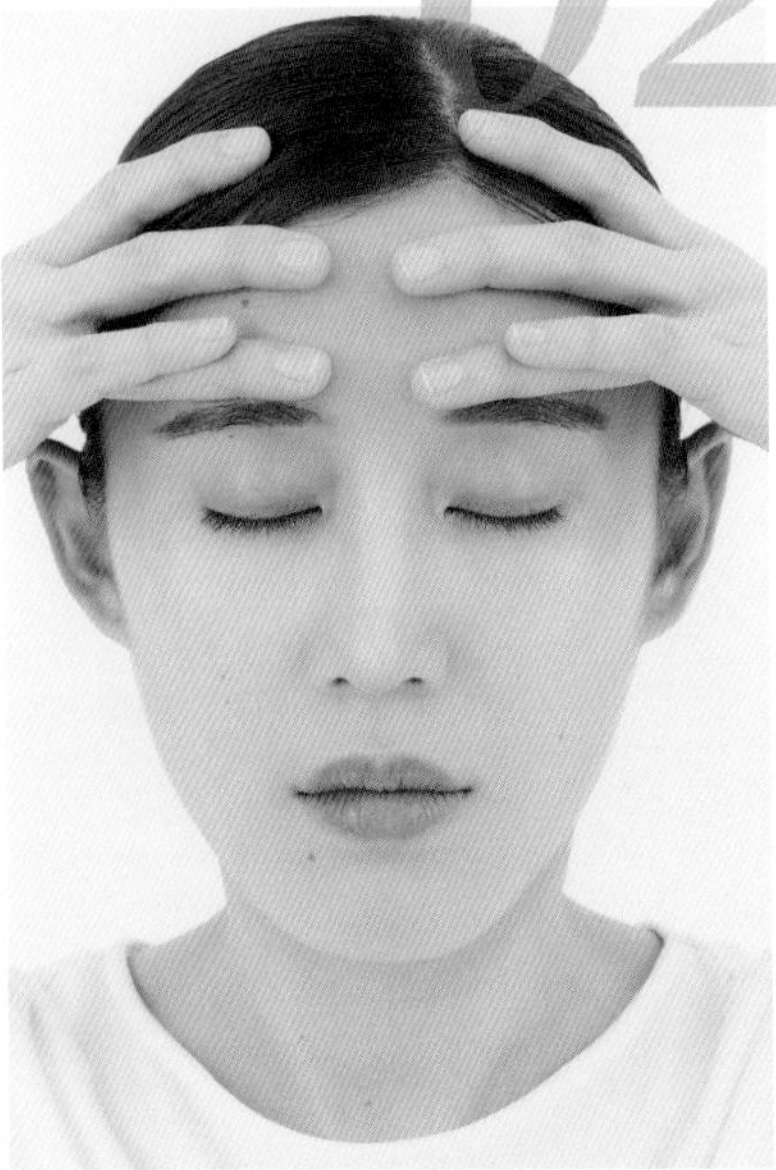

目を閉じたまま指で眉を探り、眉上に薬指を添えて、頭を手で固定する。
※p70トレーニング1－2の注意点を参照。

＼ 主に働きかける表情筋 ／

上眼瞼挙筋

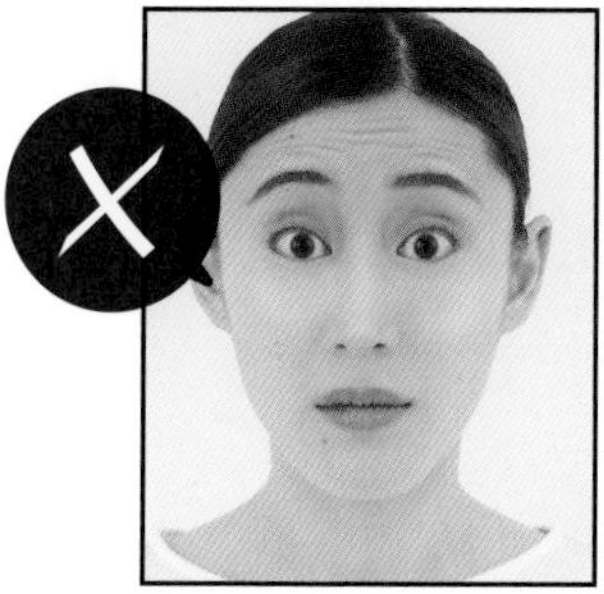

指で額を押さえないと
額にシワが寄ってしまう。

03

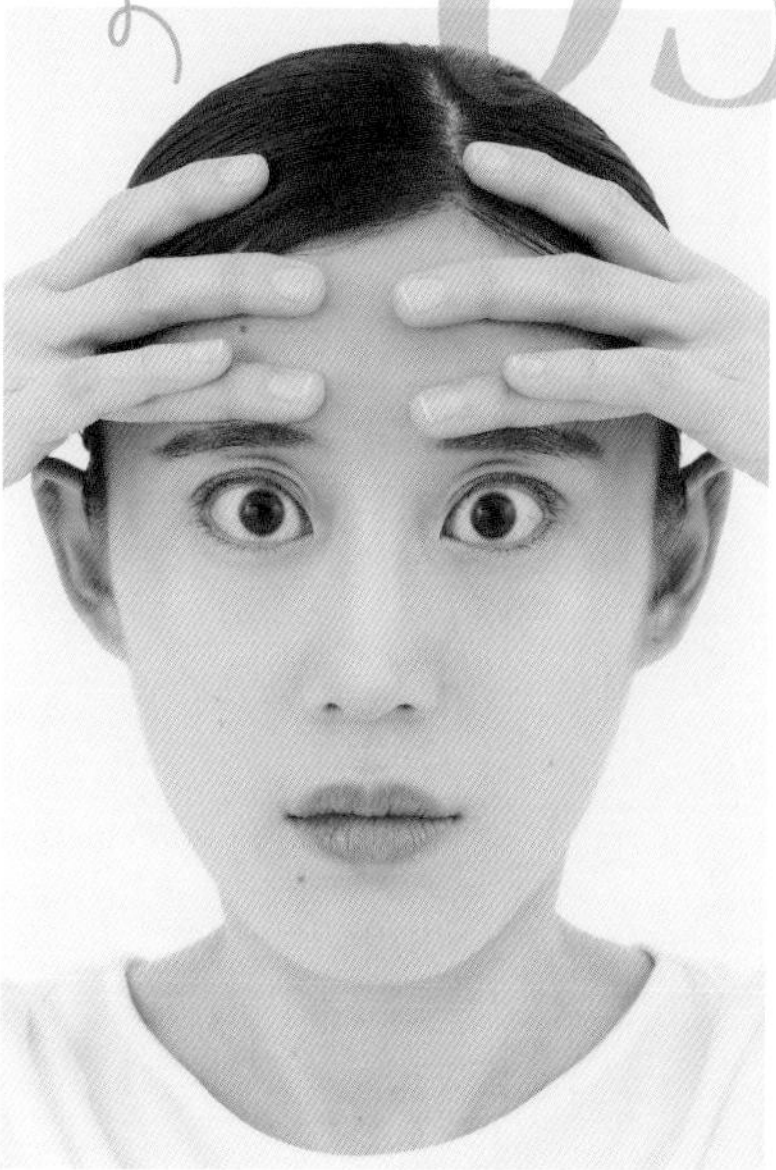

1、2、3、4、5とゆっくりカウントしながら、目をグーッと見開く。

04

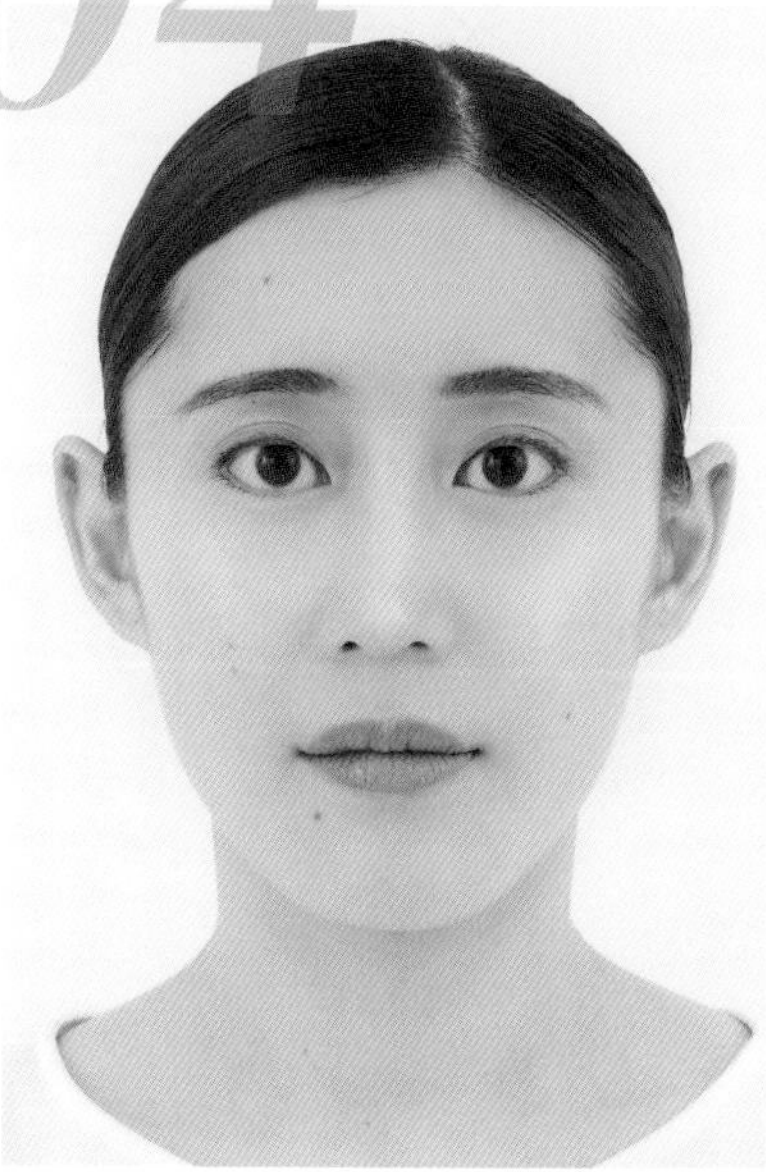

1、2、3、4、5とゆっくりカウントしながら、無表情の状態に戻る。

トレーニング8

目を左右対称の大きさにする

生まれつきではなく、年齢を重ねてだんだんと目の大きさの左右非対称が目立ってきた場合、利き目や視力が良いほうの目の負担が大きくなり、デリケートな目のまわりの皮膚がたるんで、左右差が生じている可能性があります。

まぶたがたるみ、皮膚が目に被さったりすることもあれば、まぶたがくぼんで左右差が目立ってきたというふうに感じている方もいるかもしれません。

また、眉を片方だけ上げるクセがあったりすると、表情筋のバランスが崩れて目に左右差が出てしまうこともあります。

こうした状況の場合、目のまわりの血流をアップさせるトレーニングを行なうことで、目の左右差を改善させることができます。

目のまわりの血流が良くなると、**目もとの印象が明るくなったり、クマが薄くなったり、ぼんやりしていた目もとが引き締まって、目力がアップします。**

また、驚くべきことに、私がこのトレーニングをお伝えした生徒さんの**約8割が視力も改善しました。**

このトレーニングはほかのものとは違い、**10セットを1日3~5回行なうことをおすすめしています。**回数がやや多く感じるかもしれませんが、これは、まばたきの動きの応用なのでたくさんやっても問題はありません。

ちなみに人は1日に約2万回まばたきをしていると言われています。

トレーニング 8

目を左右対称の大きさにする

推奨回数
10セット×1日3~5回

額に力を入れず筋肉を緩める。目を閉じた状態で、両眉の上あたりを指の腹で優しくトントンする。

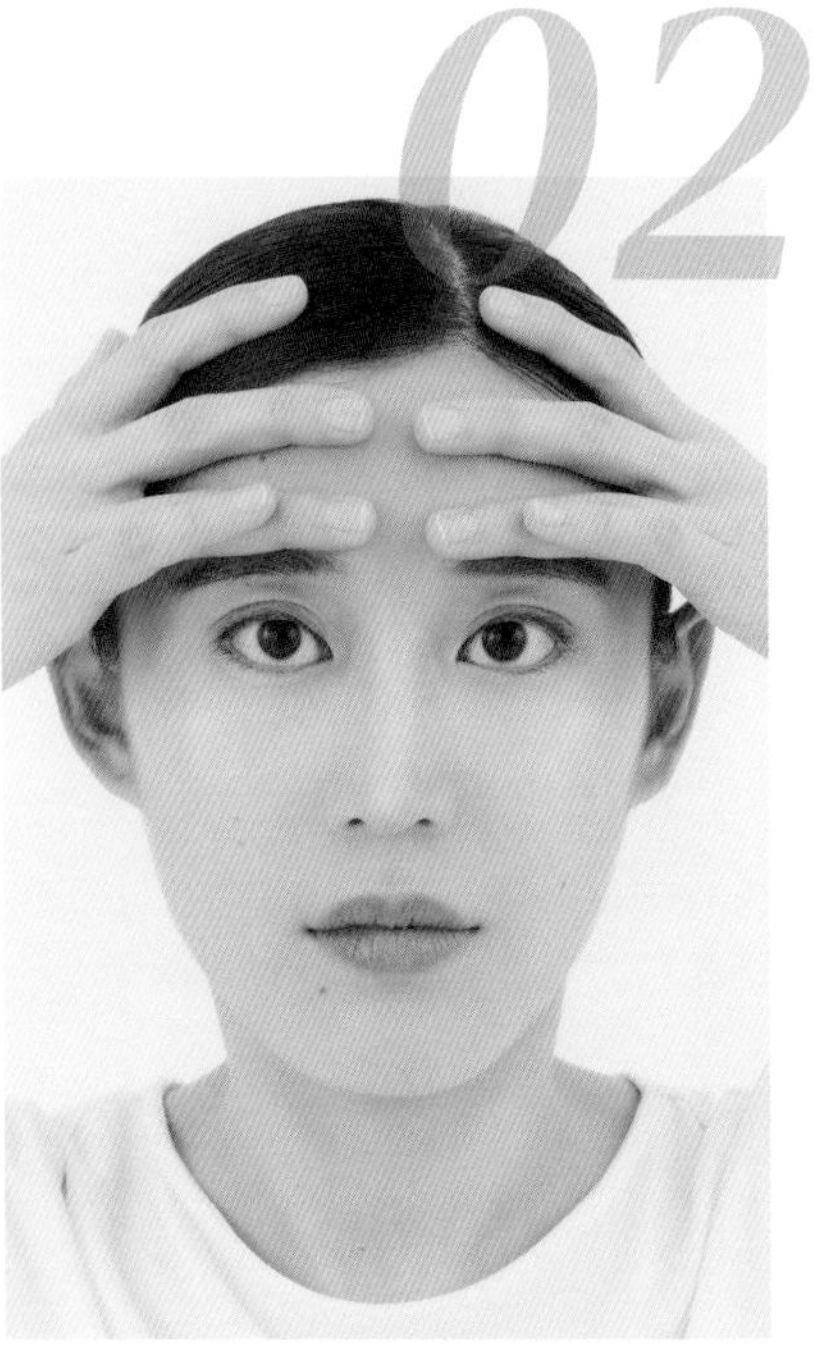

目を閉じたまま指で眉を探り、眉上に薬指を添えて、頭を手で固定し、ゆっくり目を開ける。
※p70トレーニング1－2の注意点を参照。

＼ 主に働きかける表情筋 ／

上眼瞼挙筋　眼輪筋

03

一度目線を下げて、まばたきの要領で、素早く
目線を上げる。これを10回繰り返す。

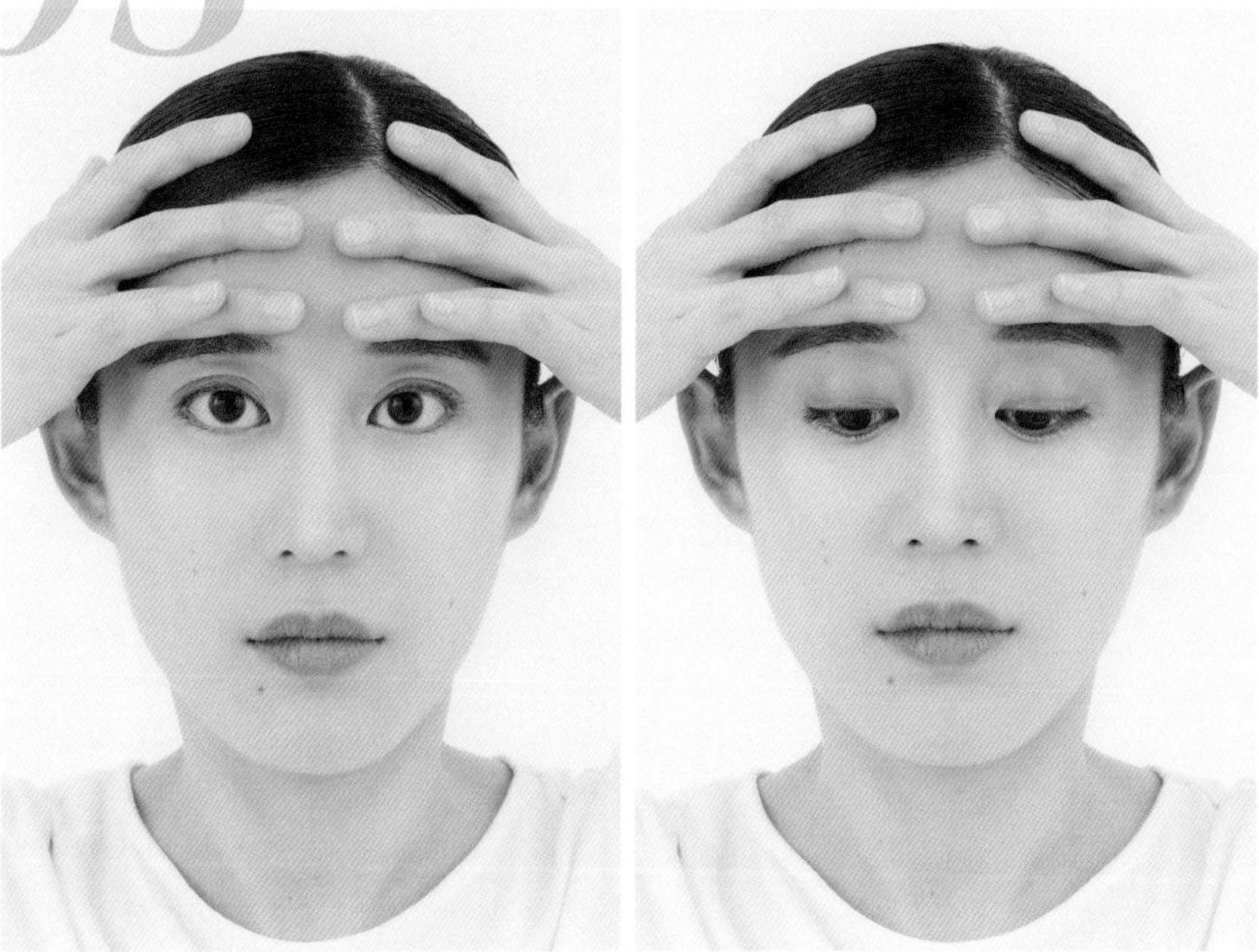

POINT
最初はゆっくりとした
スピードでOK！

POINT
目は完全に閉じずに、
ギリギリのところまでまぶたを下げる。

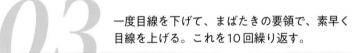

Part 3

コンプレックス別に取り組むトレーニング8選

コンプレックス1
たるみを解消する

リモートワークが定着して以降、誰かと会話をする機会が減ったり、外出する際にはマスク着用を継続している方もいらっしゃるのではないでしょうか？

「日本語は表情筋をあまり使わなくても話せる」とお伝えしましたが、新型コロナウイルスの脅威がある程度去った今でも、コミュニケーションの機会は少ないままで、ますます表情筋は使われなくなっていると感じます。

また、SNSなどを中心にコミュニケーションを取る方たちは、なおさらハッキリとした声で話したり、笑ったりすることが少なくなっているように思います。高齢者の方も、一人暮らしをされていると会話の機会が非常に少なくなり、一日中しゃべらない人もいると言います。

こうした状況に私は危機感を抱いています。会話をしないことがなぜ良くないのかと言うと、**日常のさまざまな場面で口を動かす習慣が減ってきていることが、表情筋の衰えによるたるみの大きな原因になっている**と考えられるからです。

そこでご紹介したいのが、たるみを予防、解消してくれるトレーニング、**「あいうえお50音体操」**です。

顔のトレーニングでは、しばしば紹介されることがありますが、私が推奨するやり方は、話すときに出てくる顔のクセに気づいて、シワができないようにする話し方を脳に新たにインプットしていくことができます。

表情筋全体に正しく働きかけて、顔全体の血流やリンパの流れを良くすることもできる方法で、とくに口のまわりの「口輪筋」を使うため、フェイスラインを整えることができ、たるみやむくみが気になる方におすすめです。

また、**頬の筋肉の可動域を広げて大きく口を開けて笑うことができるようになったり、活舌も良くなり、話しているときも自然で感じの良い笑顔ができるようになります。**

コンプレックス 1

たるみを解消する

推奨回数
1日1回

START

まっすぐ鏡を見て、顔に力を入れず、無表情かつリラックスした状態でスタートする。トレーニングはすべてこの状態から始める。

あいうえお50音体操

01

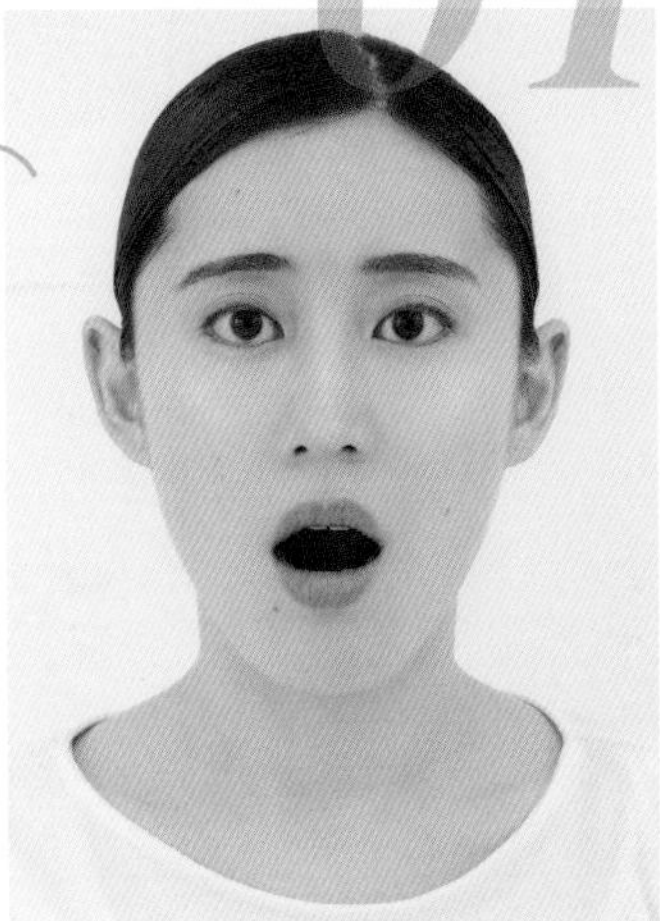

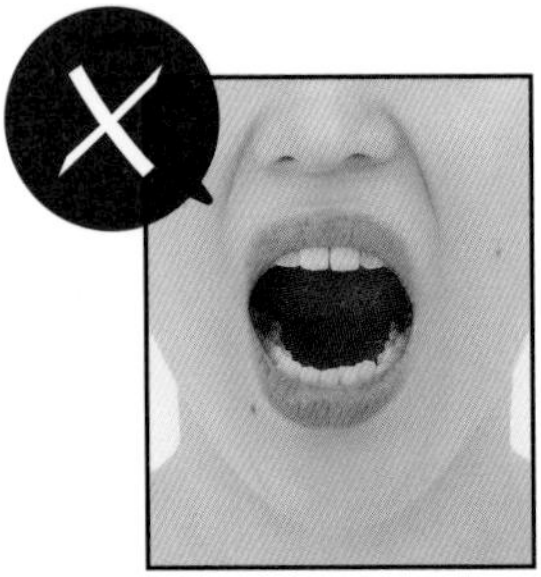

力が入りすぎてほうれい線がくっきり出ている。

口を大きく開き、「あー」と発声する。

POINT
ほうれい線が強く出てしまう場合は、シワが入ったところに指を添えて、軽く押さえてもOK!

＼ 主に働きかける表情筋 ／

大頬骨筋　小頬骨筋

口輪筋

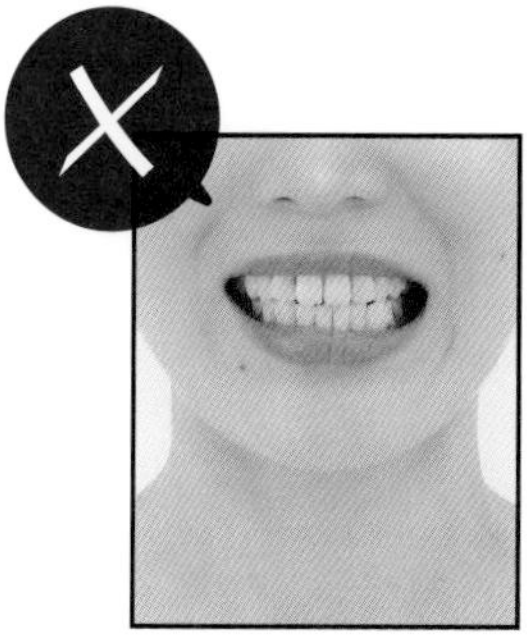

下の歯が見えている。

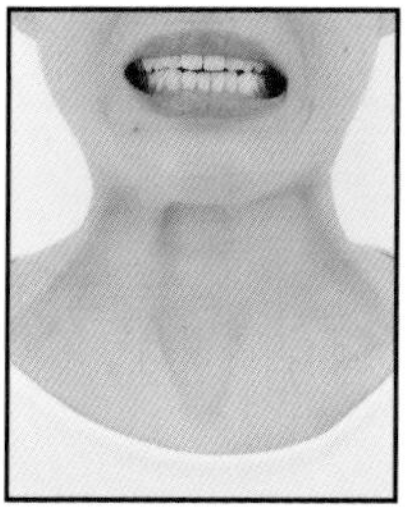

口まわりの筋肉よりも下に力を入れているため、首筋が立っている。

02

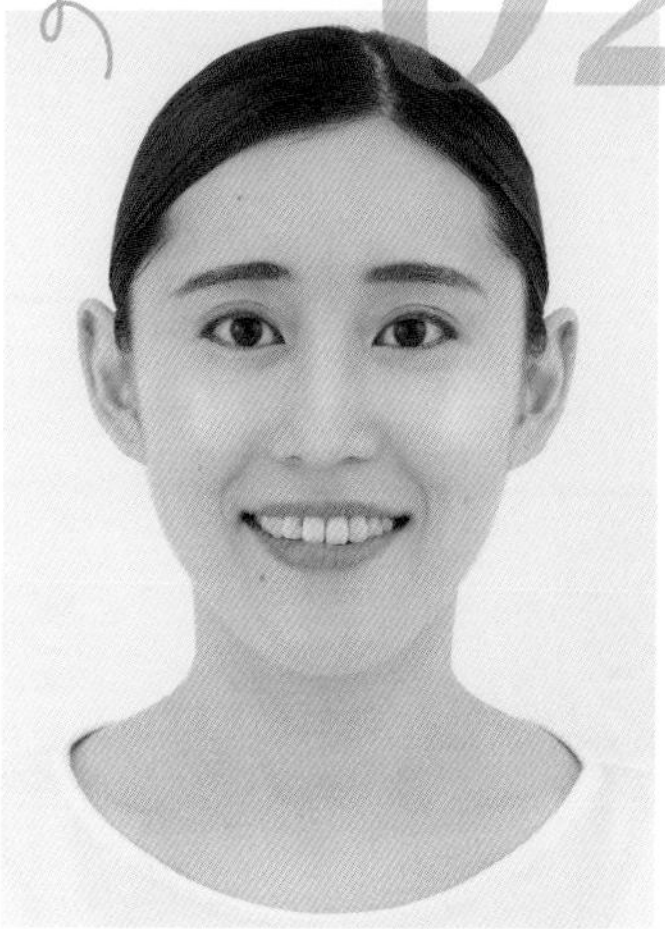

口角を上げて、上の歯だけを見せて「いー」と発声する。

03

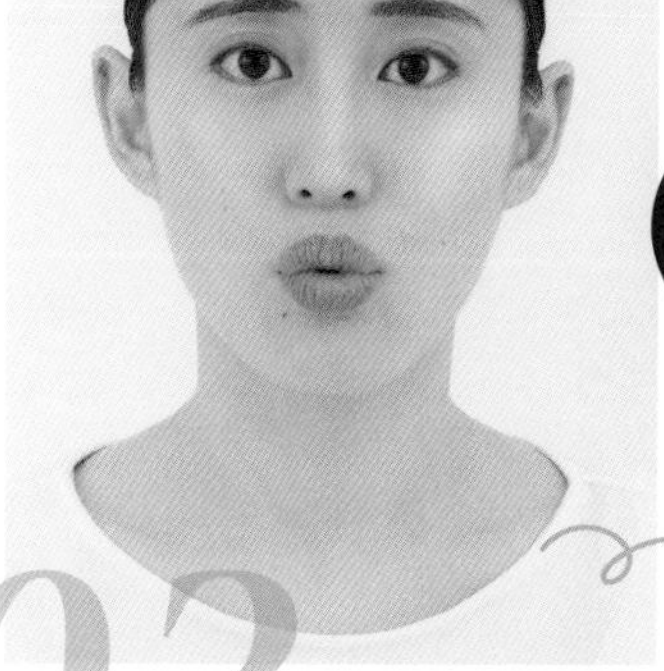

口を前に突き出し、「うー」と発声する。

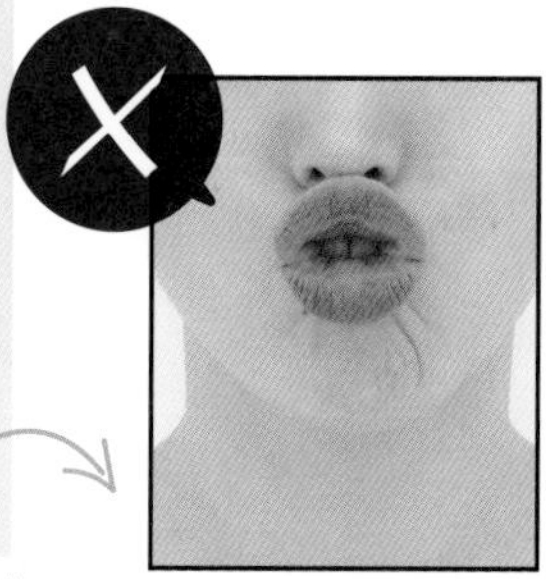

力が入りすぎてあごにシワが寄っている。

POINT

あごに指を添え、軽く押さえてもOK！

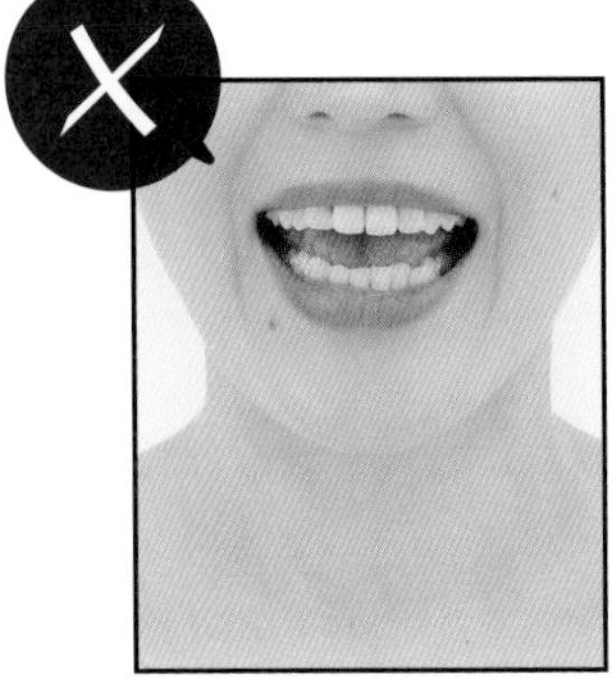

下の歯が見えている。

04

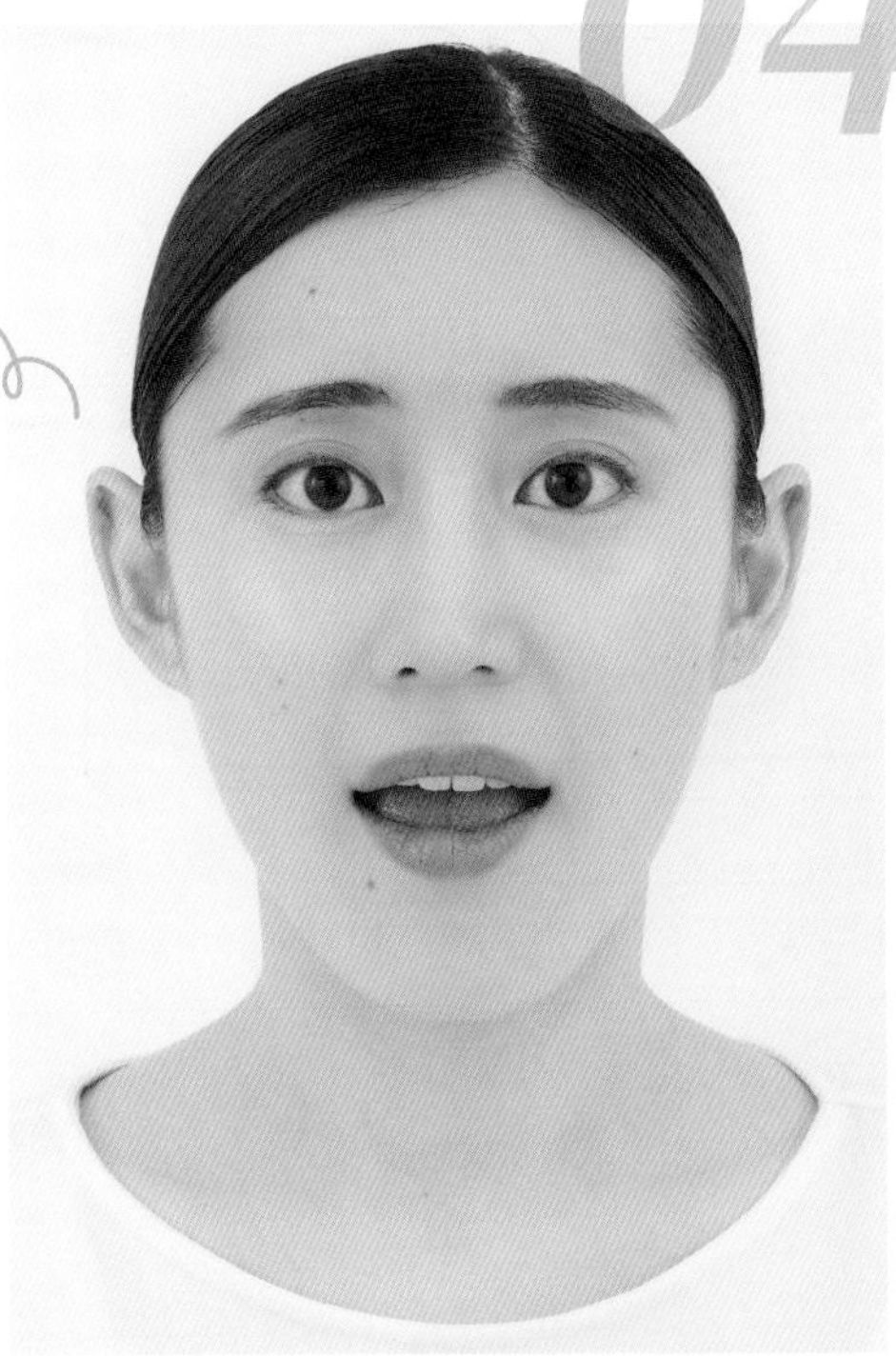

口角を上げるようにして、
「えー」と発声する。

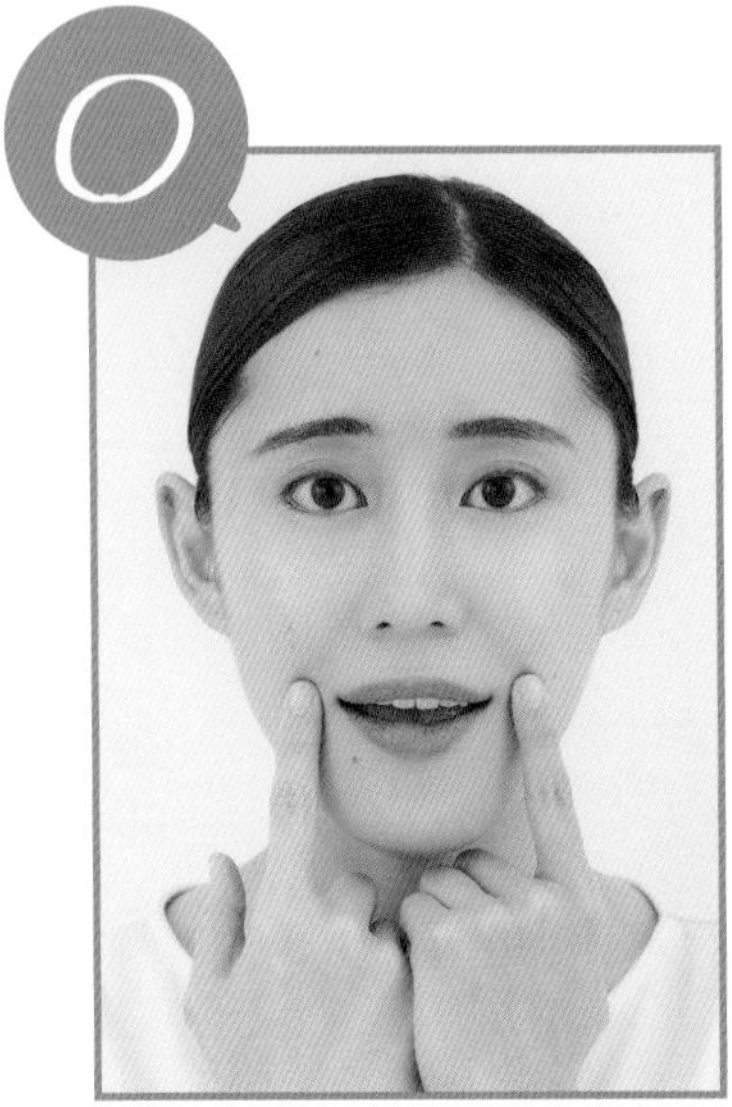

POINT ほうれい線がくっきり出てしまう場合は、シワが入ったところに指を添えて軽く押さえてもOK！

05

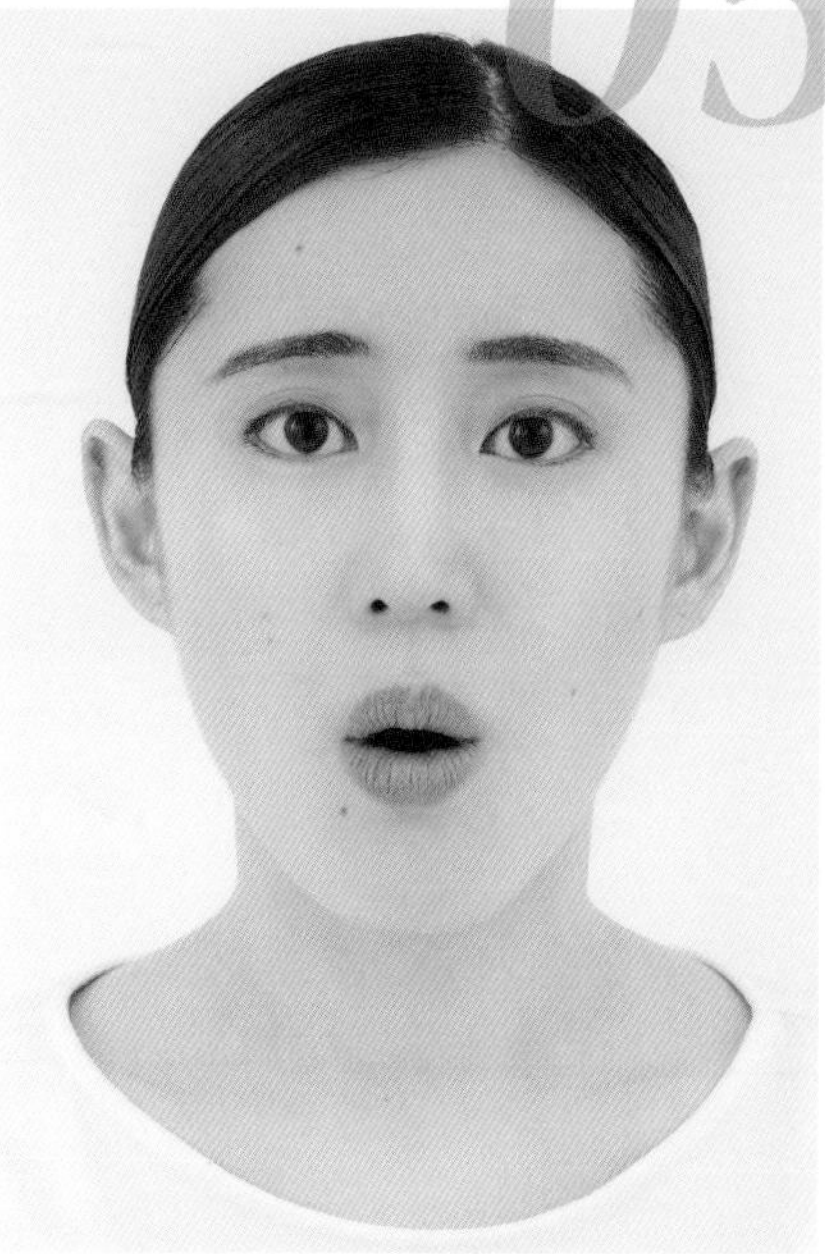

口を縦に開き、「おー」と発声する。

POINT

あごにシワが寄る場合は、指を添えて、軽く押さえてもOK！

06

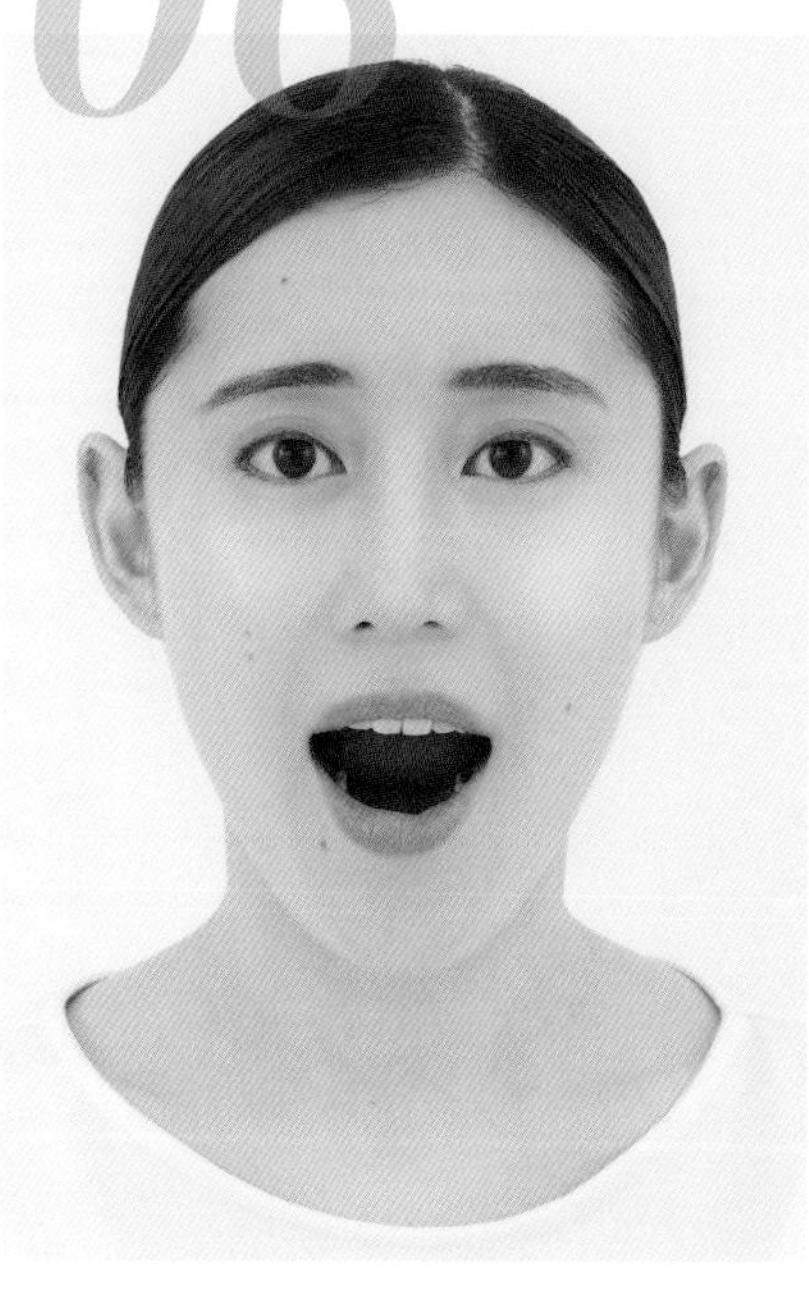

顔にシワが入らないように注意しながら、「かきくけこ」以降も続けて発声していく。

口を閉じて「はい」と返事していませんか？

最近は会話をする機会が減っていたり、そもそも日本語は大きく口を開けたりしなくても発声できる言語ではあるのですが、私がどうしても気になっていることがあります。

それは、**「はい」と返事をするときに、ほとんど口が動いていない**ことです。

鏡を見ながら、一度「はい」と返事をしてみてください。

「は」のときはほとんど口を開かず、「い」の発音の後は当然のように口を閉じていませんか？　「はい」という返事は子どもの頃から日常的に使っていた言葉ですが、返事をするたびに口を閉じることで、口を下げる筋肉を鍛えています。

そのため、「い」の発音をするときに、下の歯だけを見せるように動かすクセがついて、口を横に広げる筋肉は働かず、楽をしてしまっているのです。

「うん」という相槌も口を結んで発声しますね。日常会話の何気ないことですが、毎日繰り返すことで脳が記憶して、表情筋の使い方に影響を及ぼしています。

きれいな話し方のコツは、**口の力を抜いて、下の歯は見せないようにすること**です。しかし、多くの方が「い」の発音をするときに下の歯を見せて、そのまま口を閉じてしまいます。それは、長年口に力を入れて口を下げる表情筋（主に下唇下制筋、オトガイ筋、口角下制筋）を鍛えすぎているからです。

それは、**口角が下がり、マリオネットラインやあごのシワ、顔下半分のたるみを誘発**します。

「はい」は、いろいろなシチュエーションで使われますが、**下の歯だけを見せてから口を閉じる「はい」を言わないようにする**だけでも、徐々に表情筋の使われ方が変わって、脳の記憶の書き換えがなされます。

自分が話をしているときの顔を見る機会はなかなかないですが、先に紹介した「あいうえお50音体操」に取り組んだり、次に紹介する「はい」のＯＫバージョンとＮＧバージョンを比較して、自分の顔と見比べたりしてみてくださいね。

Check

口を閉じて「はい」と返事していませんか？

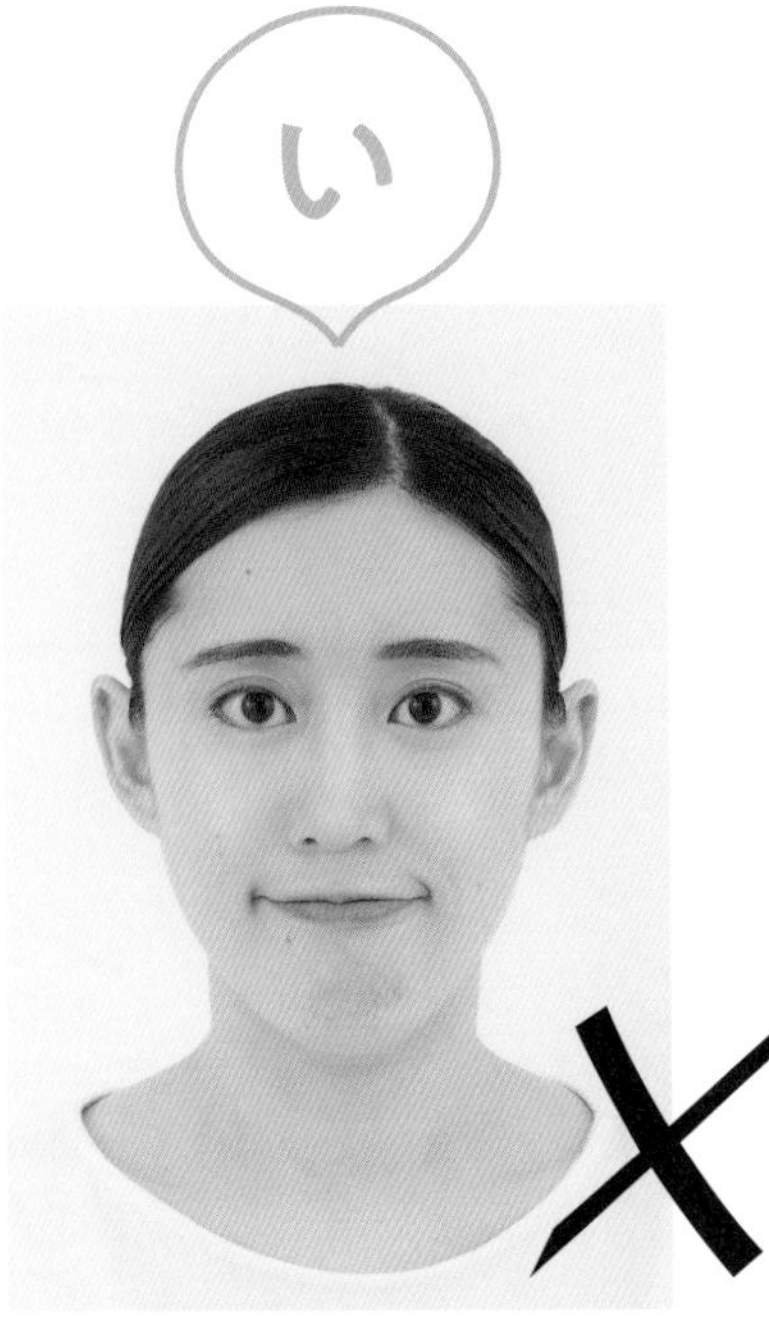

口を閉じるときに力が入って、
あごにシワが寄っている。

POINT
「い」のときに口を完全に閉じないようなイメージで、優しく口を閉じたり開けたりする。

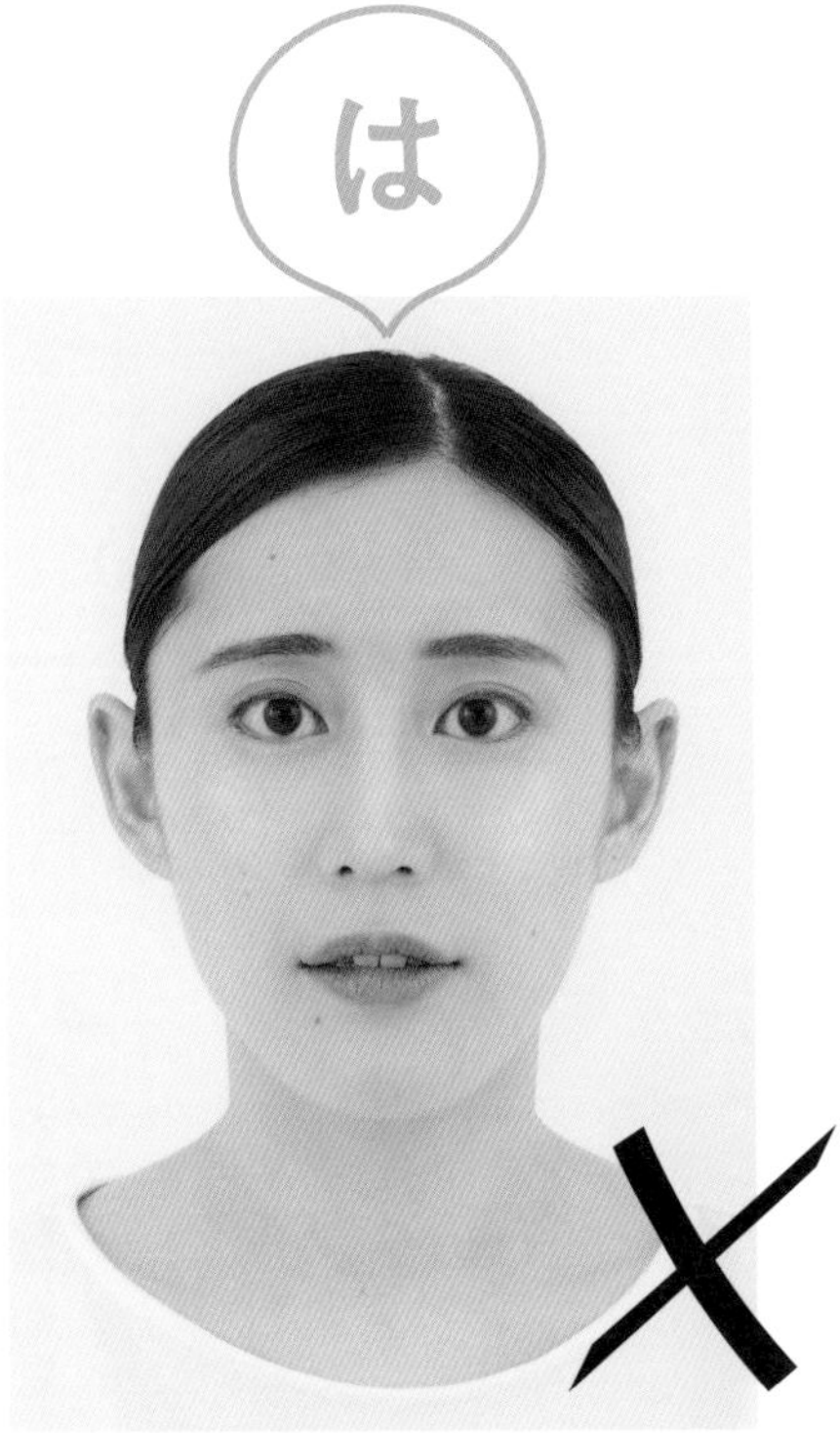

口がほとんど開いていない。

＼ 主に働きすぎている表情筋 ／

下唇下制筋

オトガイ筋

口角下制筋

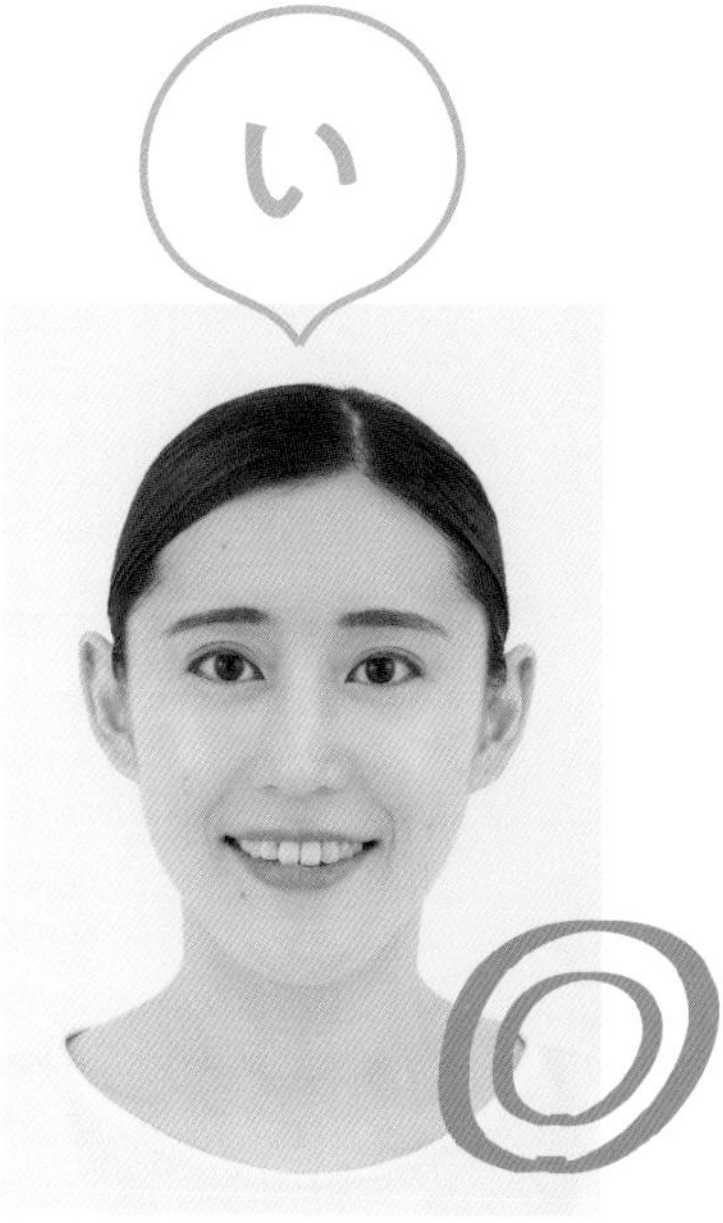

口を閉じるときに力が入っていない。

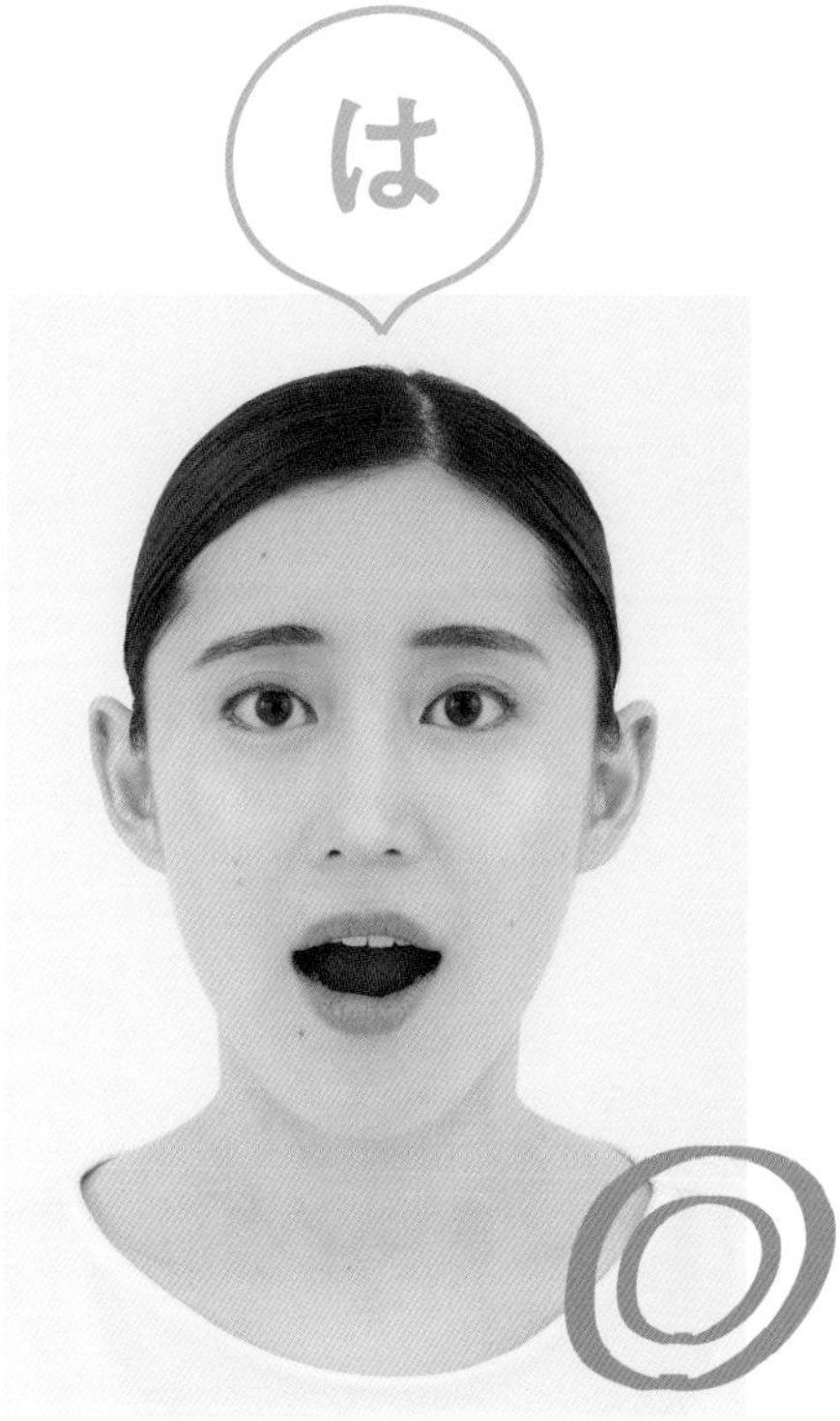

口まわりの力を抜きつつも、大きく開ける。

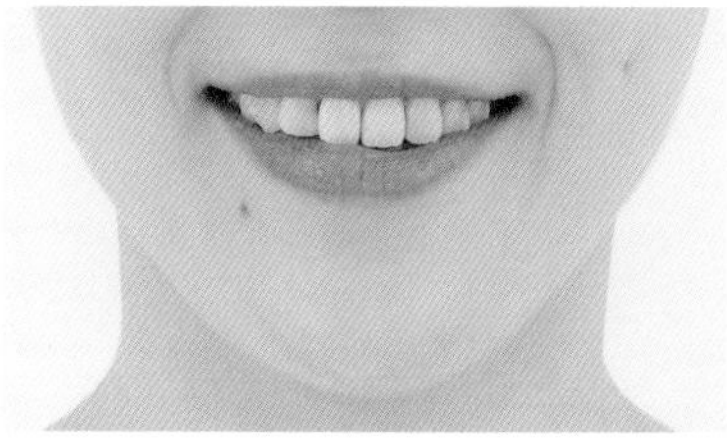

POINT

下の歯が見えない程度に大きく開けたり閉めするのがきれいに見えるコツ！

コンプレックス2
二重あごを解消する

「二重あごになった」
「あごのラインがもたつく」
「顔が面長に見えるようになった」
「あごが前に出てきた気がする」

などなど、あごまわりにコンプレックスを感じている方は多いものです。これらの悩みは、あご下に位置する「顎舌骨筋《がくぜっこつ》」という筋肉の衰えが関係しています。

顎舌骨筋は、文字通り「舌」と関係の深い筋肉です。舌の付け根部分にある舌骨という馬蹄《ばてい》型の骨にくっついて、口腔の床部分を支えています。

顎舌骨筋が衰えると、二重あごになってしまったり、あごに歪みが生じて長く見えるようになったりすることがあります。

　また、顎舌骨筋の衰えは、舌の筋肉の衰えともイコールで考えられます。だんだん歳を重ねると、食事を摂っているときに慌てて飲んだり食べたりすると、気管に入ってむせやすくなりませんか？

　それは、顎舌骨筋が衰えたからとも言えます。ですからここを鍛えると、二重あごが解消するほか、誤嚥の予防やいびきの解消、そして滑舌も良くなります。

　ちなみに、あごまわりにコンプレックスのある方は、普段の舌の位置が下前歯の歯茎の後ろについていることが多くあります。舌の位置が下がってしまっているのです。53ページでもお伝えしたように、**舌先は口蓋につけるように意識しましょう。**

コンプレックス 2

二重あごを解消する

推奨回数
1日3回

01

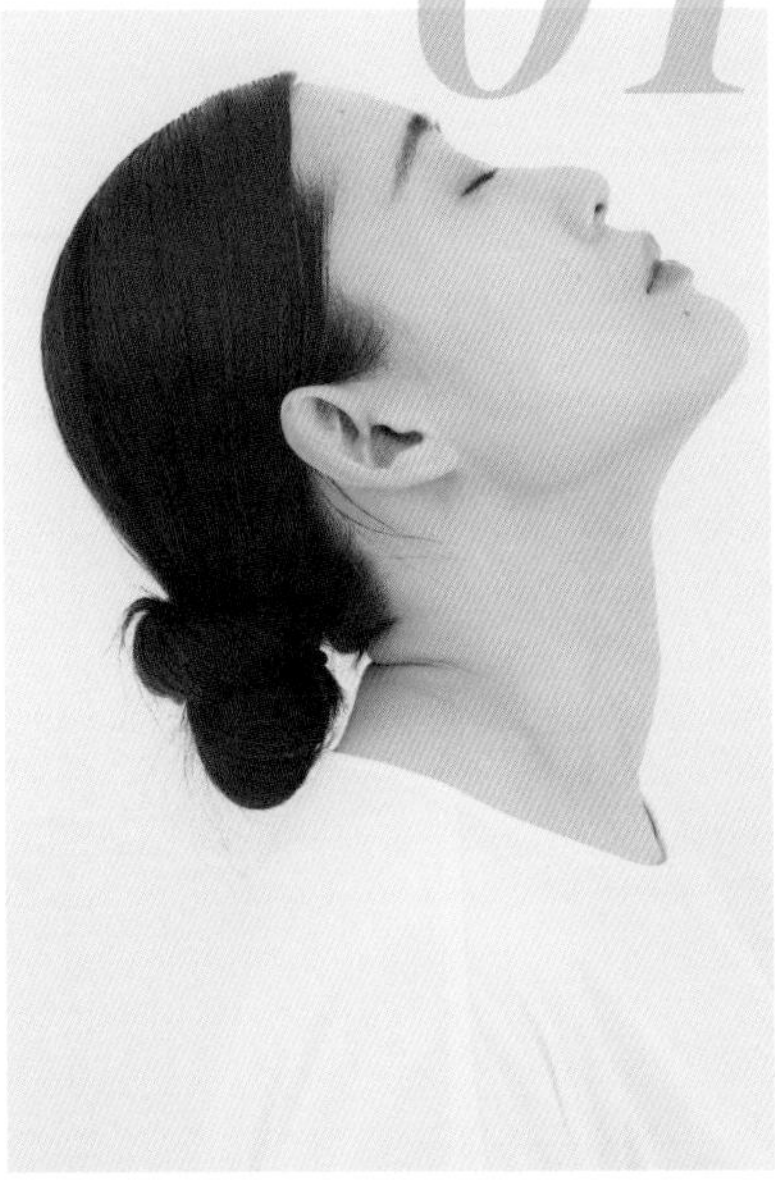

背筋を伸ばして目を閉じ、
顔をゆっくり天井に向ける。

POINT
目を開けたまま上を向くと眉が上がってしまうため、必ず目を閉じてから上を向く。

02

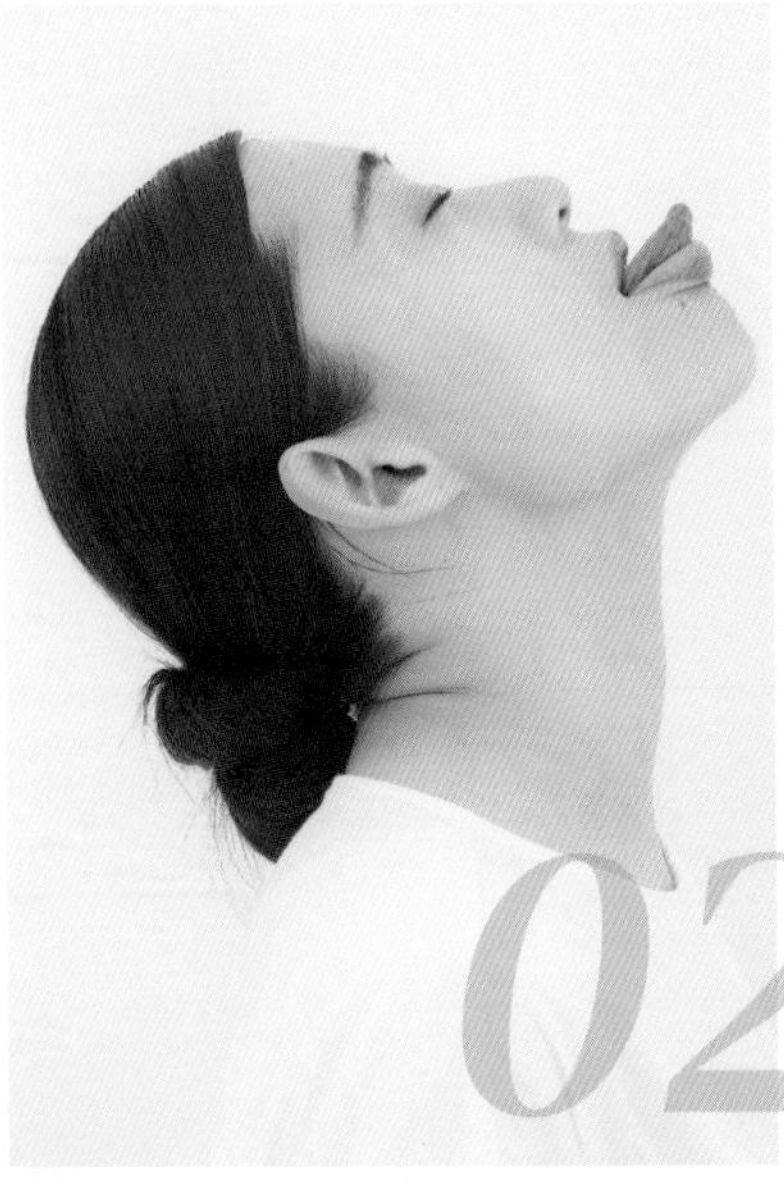

舌をなるべく垂直に突き出す。
そのまま1、2、3、4、5と
カウントしてキープ。

POINT
舌の先端を鼻先につけるようなイメージで伸ばす。舌の根元がギュッとなる感じがしたらOK！

主に働きかける表情筋

顎舌骨筋

03

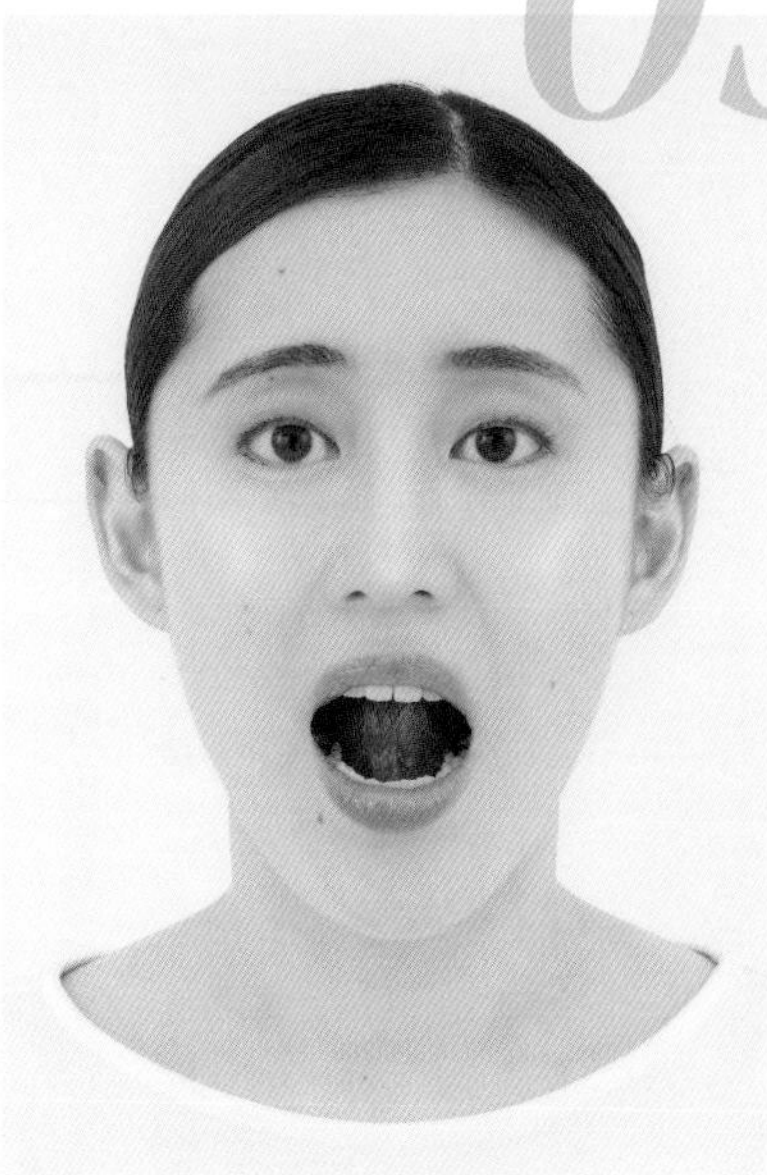

ゆっくり顔を正面に戻して、
舌を口の奥にぐるんと丸め
込ませる。

04

丸めた舌をゆっくりと
戻して、なるべく垂直
に下へ突き出す。

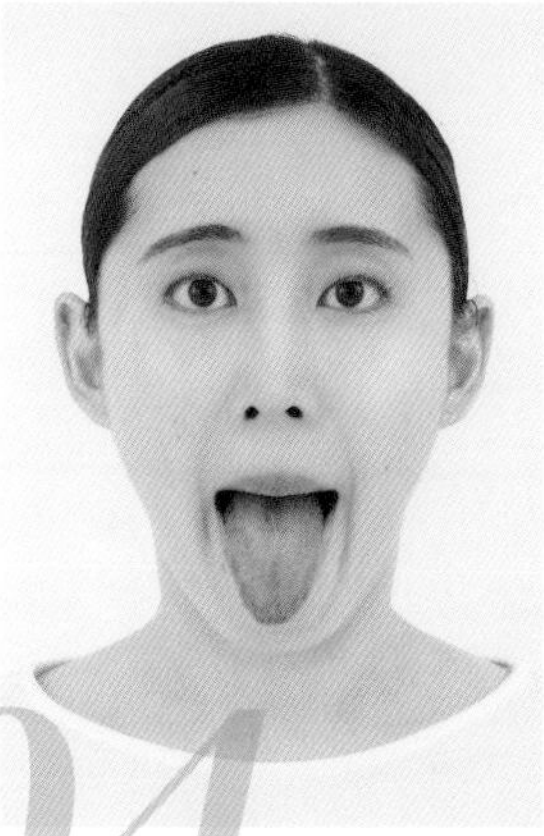

05

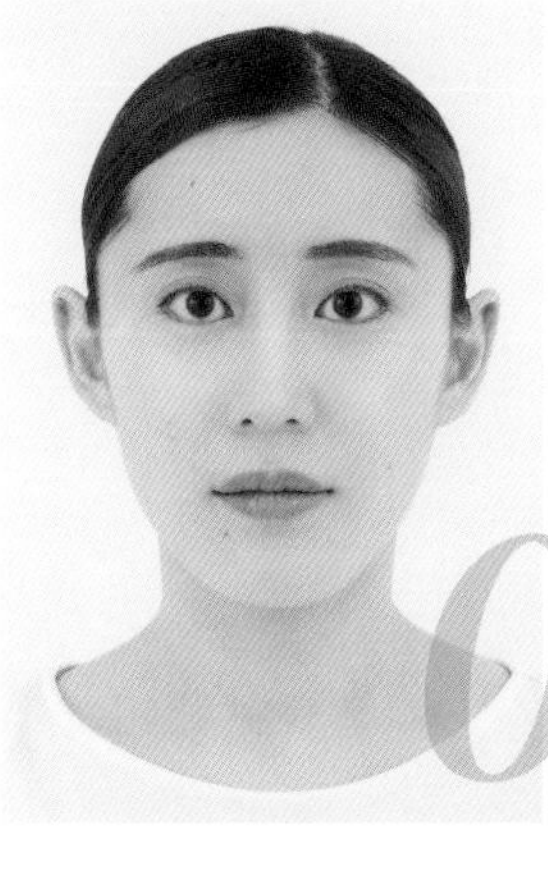

1、2、3、4、5と
ゆっくりカウントしながら、
無表情の状態に戻る。

コンプレックス3

目の小ささを解消する

私のレッスンを受けてくれた方には、笑顔がどれだけ変わったかを見るために、必ずビフォーアフターの写真を撮るようにしてもらっています。

ビフォーの写真を拝見すると、とくに10～20代の方は、写真に撮られるときに眉を上げて目をパッと見開く人が多いことがわかります。そのときに、額にシワが入る方が多数います。

じつは**眉や額の「上げ下げ」という何気ない動作の繰り返しが、まぶたや目のまわりの筋肉をたるませて、目を一段と小さく見せてしまう原因**になります。目を大きく見せたいなら、なおさら直したいクセですね。

目を開けるときに額にシワができるのは、まぶたの筋肉ではなく額の「前頭筋」を使っているからです。前頭筋は、額の正面にあって眉を引き上げたり、額にシワを寄せたりする働きがあります。前頭筋でまぶたの上げ下げを繰り返して過度な負担がかかると、前頭筋がこり固まって深い横ジワが発生し、さらに目が開けにくくなっていき、目も小さく見えてしまうという負のスパイラルに陥ってしまうのです。

眉や額を使わずに目を開けるには、日常生活での心がけがものを言います。いっそのこと、**「もう眉や額は使わない！」**と決めてしまいましょう。

たとえば、誰かと並んでいるとき、その人の顔をチラッと見ようとするだけで、眉毛が上がり、額を使って目を開けていたりします。そういうときは、首から顔全体を上げるようにすることで、眉や額を使って目を開くクセを改善できます。そのような日常の小さな顔のクセを見逃さないようにしましょう。

また、スマホや読書に夢中になって目を酷使《こくし》すると、頭痛が起きることはありませんか？　そういうときは、もれなく頭部がガチガチに硬くなっています。とくに、後頭部は目のツボが集中していますから、「後頭筋」を緩めると、目はパッチリ開きやすくなります。

後頭筋は１２２ページで紹介する「頭皮のマッサージ」がよく効きます。

コンプレックス 3

目の小ささを解消する

推奨回数
10セット×1日10回

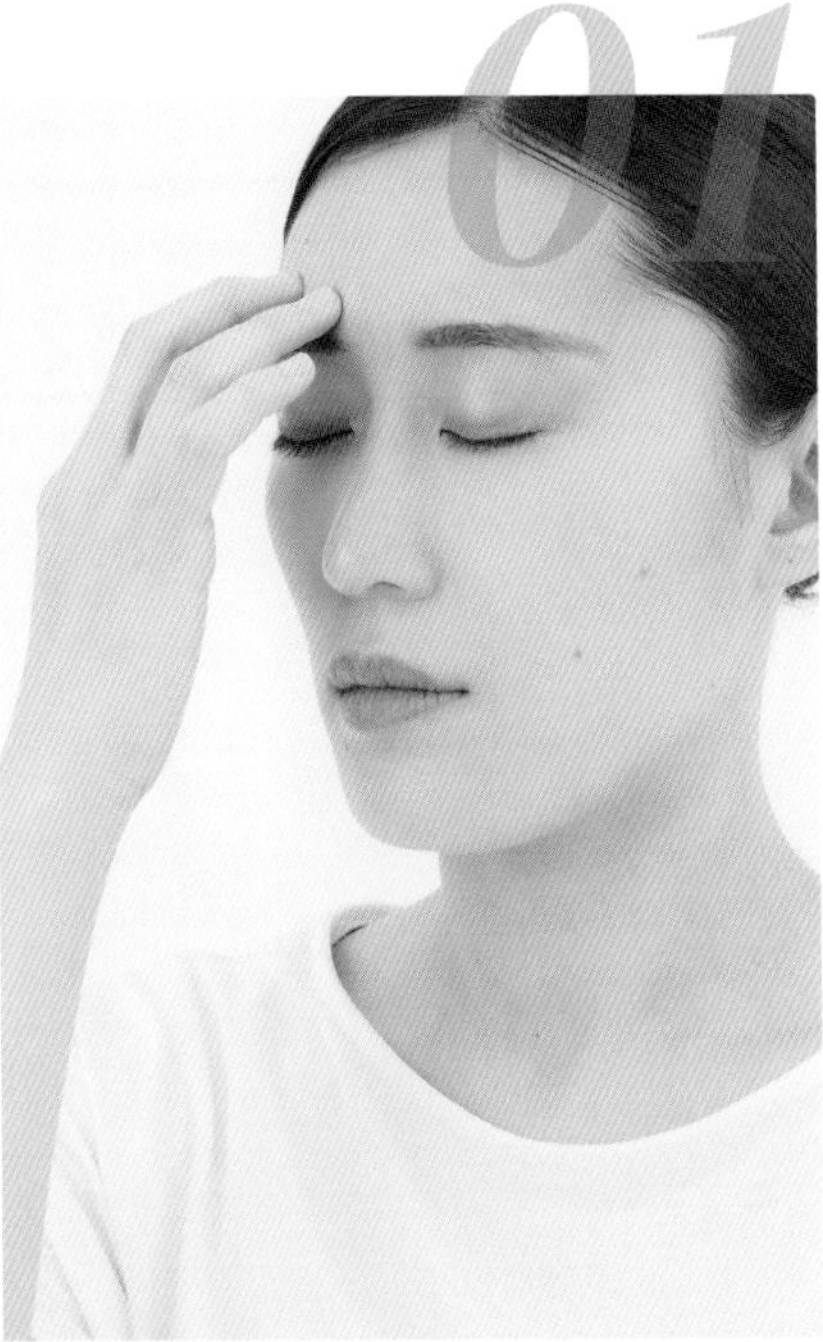

額に力を入れず筋肉を緩める。
目を閉じた状態で、両眉の上あたりを指の腹で優しくトントンする。

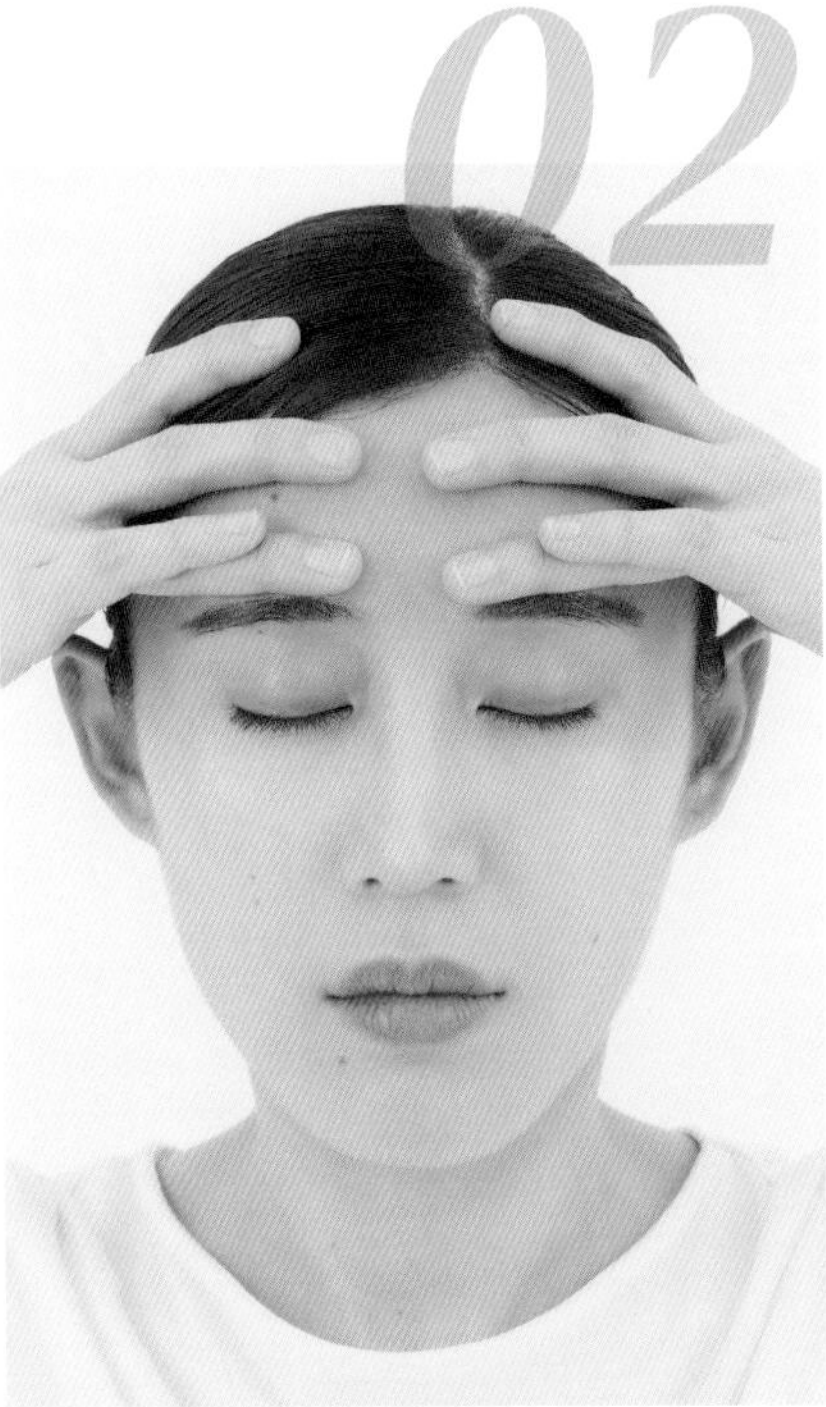

目を閉じたまま指で眉を探り、眉上に薬指を添えて、頭を手で固定する。
※ p70トレーニング1－2の注意点を参照。

＼ 主に働きかける表情筋 ／

前頭筋　後頭筋

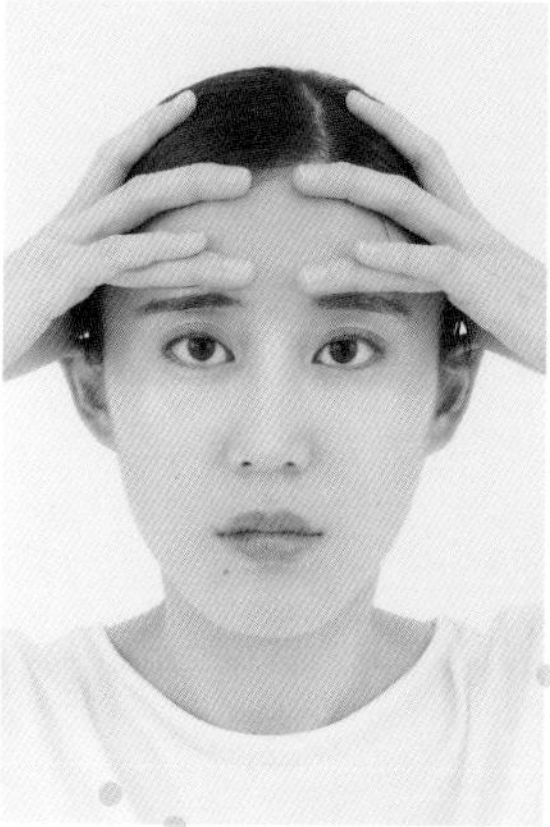

POINT

額にシワが寄らないように、
指でしっかり固定する。

03

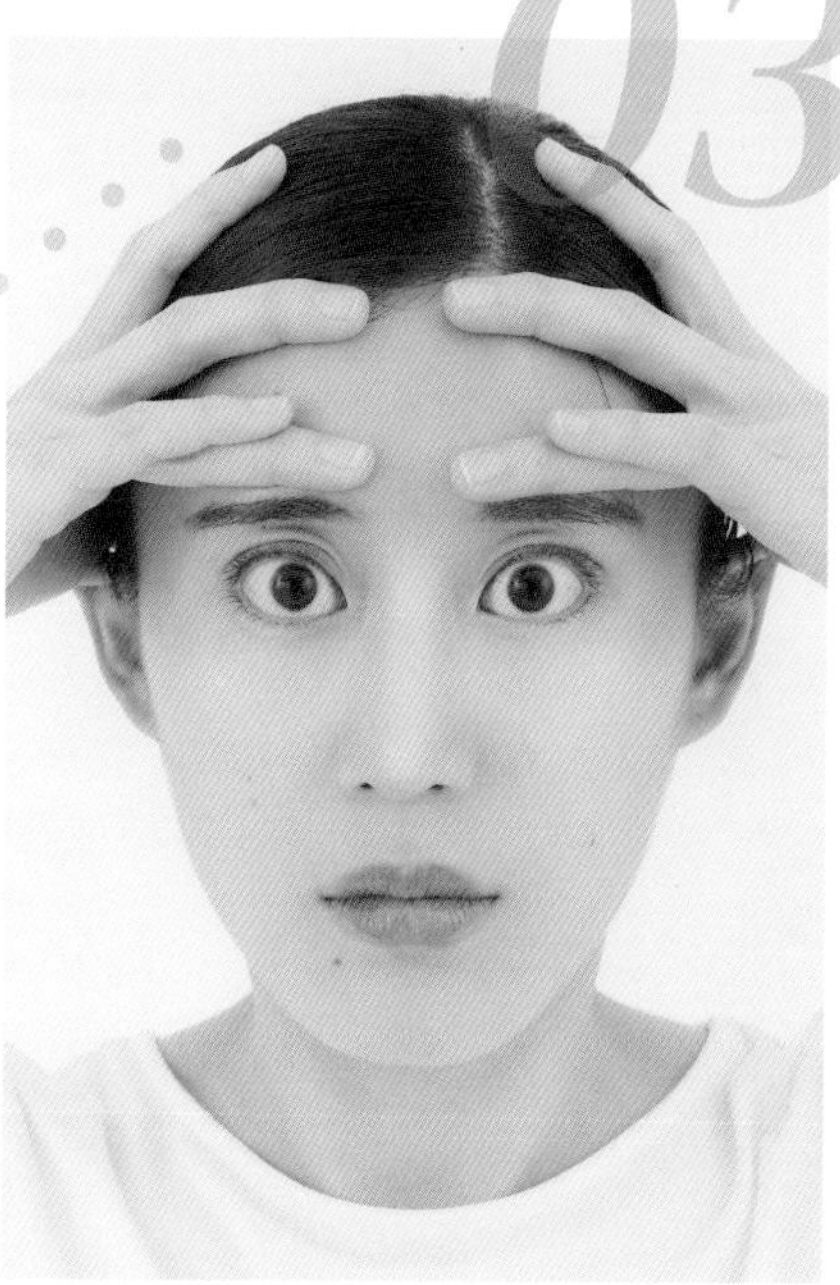

目をパチッと見開いてから徐々に
緩める動作を10回繰り返す。

POINT

驚いた表情でしっかり目を開ける。

コンプレックス4

シワ・たるみ・頭皮の硬さを解消する

美容院で「頭皮が硬くなっていますよ」と指摘されたことのある方は意外に多いのではないでしょうか？

頭皮の硬さは、デスクワークなどで長時間同じ姿勢で過ごすことや、眼精疲労、ストレス、体の疲労、首や肩のこりなどが原因で、頭部の筋肉が緊張し血流が悪くなって起こります。

62ページのツボ押しのところでもお伝えしましたが、ヘッドマッサージによって頭の筋肉をほぐしてこりを解消すると血流が良くなり、肌の血色も良くなって、顔全体がリフトアップするほか、首や肩のこりの解消が期待できます。頭皮が柔らかくなると、健康な髪が生える土壌ができ、抜け毛や薄毛の解消にも効果的です。

また、頭にはたくさんの筋肉があります。それぞれによく効く部位があり、ほぐすことによって解消できるコンプレックスもさまざまです。

たとえば、次のようなものが挙げられます。

- **「頭頂筋」「前頭筋」……額の筋肉をほぐす。目もとのたるみを解消する。**
- **「側頭筋」……フェイスラインのたるみやほうれい線、口角の下がりを解消する。**
- **「後頭筋」……目もとのたるみを解消する。**

自分の気になる部分を意識して重点的にほぐしていくと良いでしょう。これはツボ押しと同様に、ウォーミングアップとしてもいつでもどこでも取り組んでみてください。

コンプレックス 4

シワ・たるみ・頭皮の硬さを解消する

推奨回数
左右各1分
×
1日1回

01

指の腹で頭全体の頭皮をまんべんなく揉み込んでマッサージする。

POINT
利き手側の頭のマッサージを重点的に行ないがちになるため、左右同じ時間、同じ強さで行なう。

02

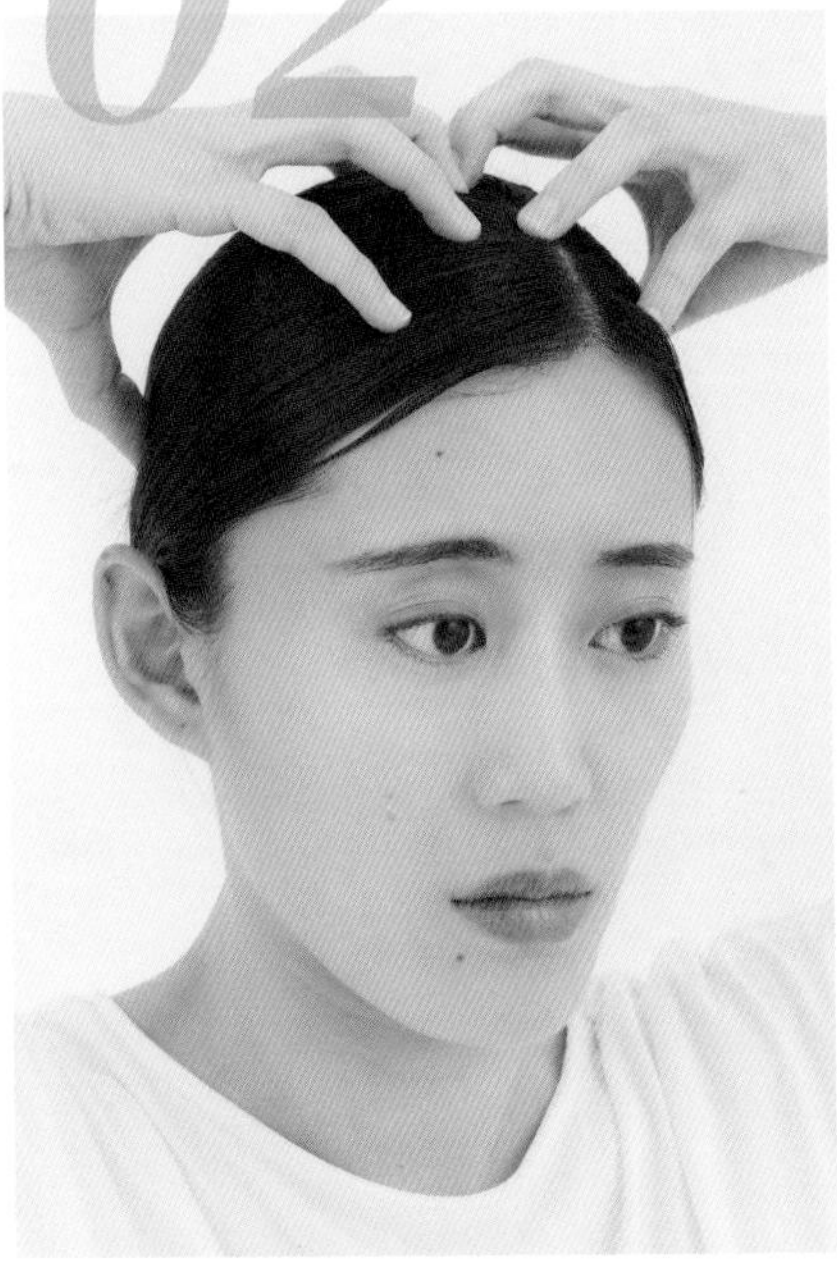

生え際から頭頂部に向かって、下から上に向かって揉み込む。

＼　主に働きかける表情筋　／

頭頂筋　前頭筋
側頭筋　後頭筋

03

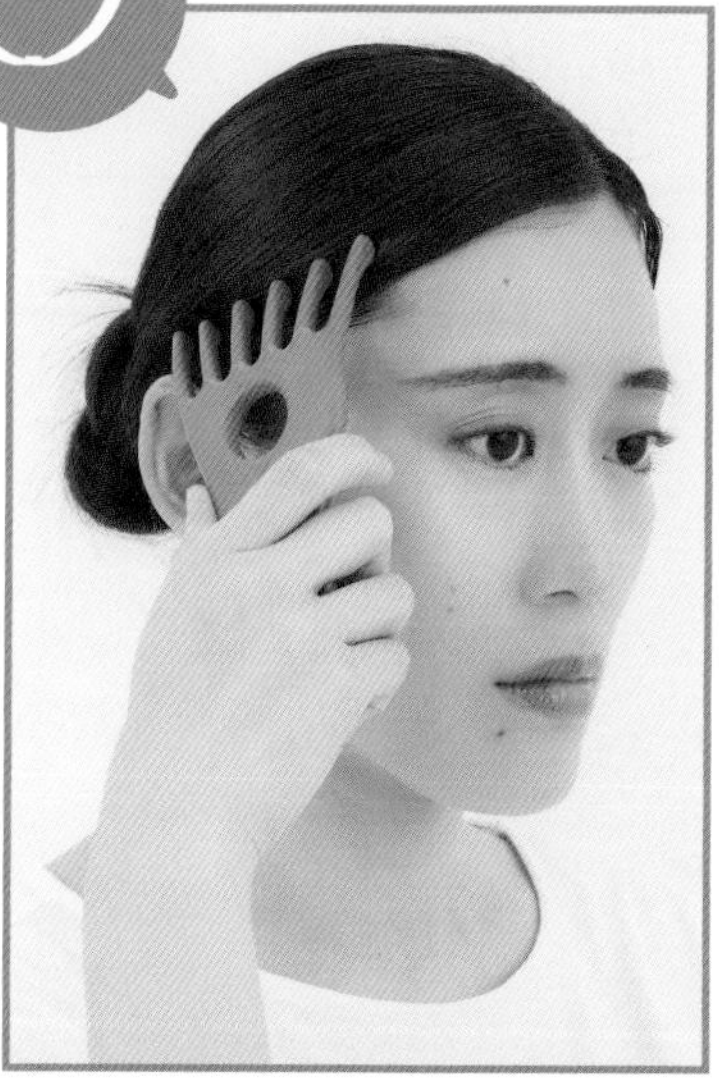

頭頂部に到達したら、
百会《ひゃくえ》、防老《ぼうろう》のツボを押す。

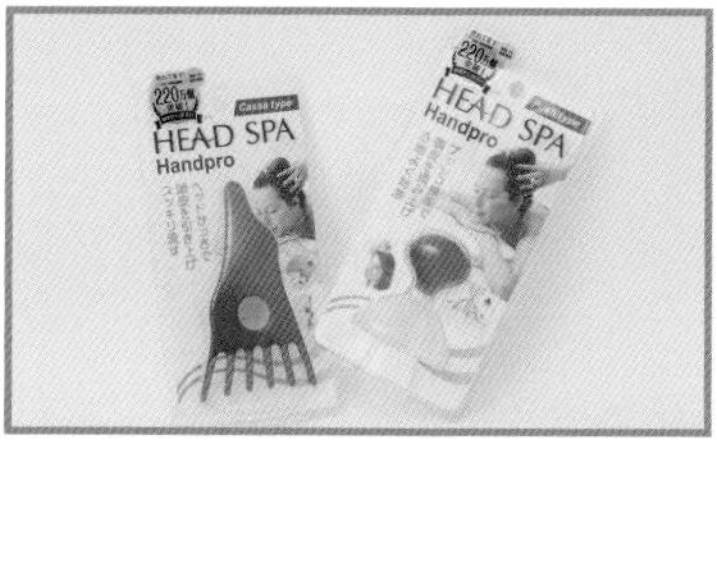

POINT
手の疲れが気になる場合は、マッサージグッズがあると便利！

ヘッドスパハンドプロ（満天社）
左：かっさタイプ　右：プッシュタイプ

コンプレックス5 梅干しあごを解消する

下あごにシワができるのは、下唇のすぐ下からあごの先端近くまで垂直に伸びている「オトガイ筋」という筋肉が関係しています。

歳を重ねていくと、**誰しも「口輪筋」という口のまわりをぐるりと囲んでいる筋肉がだんだんと弱くなります。**すると、「口を閉じようとして、どんどん口もとに力が入る」とお伝えしましたね。その際、下唇を持ち上げ続けているのがオトガイ筋です。

オトガイ筋は、食事や会話など、口を動かすこと全般にかかわっている表情筋で、口を閉じているときもずっと働いています。つまり、私たちは**1日のうちのかなりの時間、オトガイ筋を酷使している**ということです。

その緊張状態によってずっと筋肉が震えているため、梅干しのようなシワができてしまいます。さらには、筋肉そのものも硬くなっていきます。

そんな梅干しジワ対策には、**顔のクセの見直しと、セルフマッサージが効果的**です。すでに鍛えすぎていますから、筋肉を緩めることが肝要です。

じつは、私は切端咬合で下あごが出ている歯並びなので、30代から梅干しジワが出てきて悩んでいました。まさか直るとは思っていませんでしたが、これから紹介するマッサージのおかげで、歯並びを直したわけでもないのに、今はほとんどシワが目立つことはありません。

オトガイ筋を使いすぎないようにするためには、それ以外の筋肉を使って**下唇を引き上げて口を閉じること**が必要になります。まず、86ページで紹介した口輪筋を鍛えるトレーニングで口輪筋の衰えを回復させましょう。**口輪筋を使うようになると、オトガイ筋が頑張りすぎないようになります。**

また、普段からオトガイ筋を使いすぎる傾向がある方は、**1日に数回、指で硬くなったオトガイ筋をほぐすセルフマッサージを行ないましょう。**その方法を、次のページで紹介します。

コンプレックス 5

梅干しあごを解消する

推奨回数
1日1回

（あごにクリームを塗っているとき）

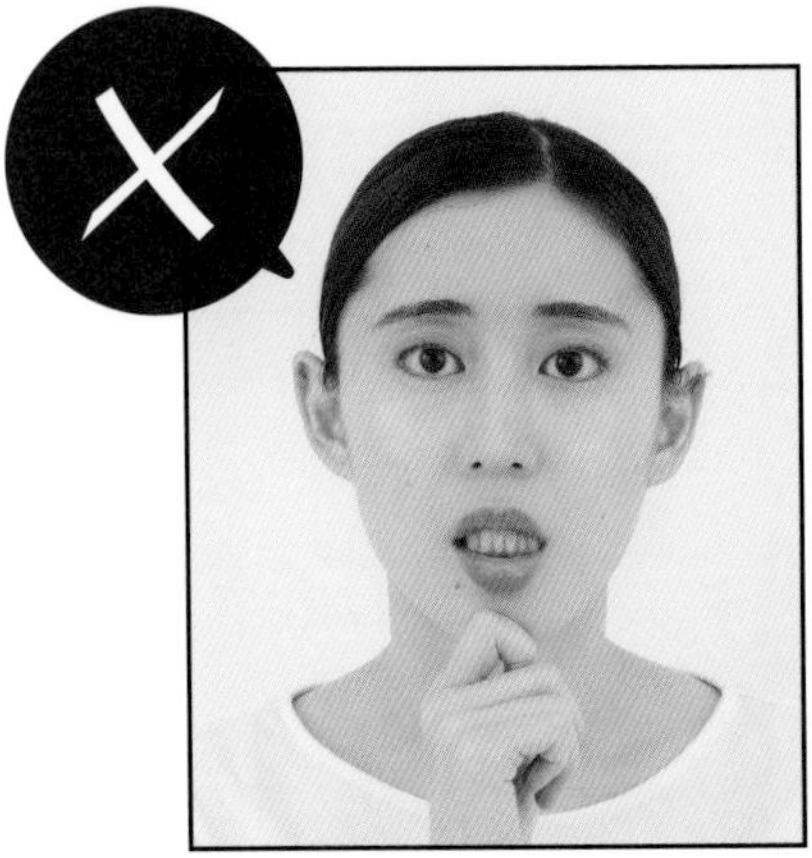

力を入れすぎて、皮膚を
擦ったり、引っ張っている。

POINT
肌にクリームやオイルを塗っていない状態で行なうと強い摩擦を引き起こすためNG！

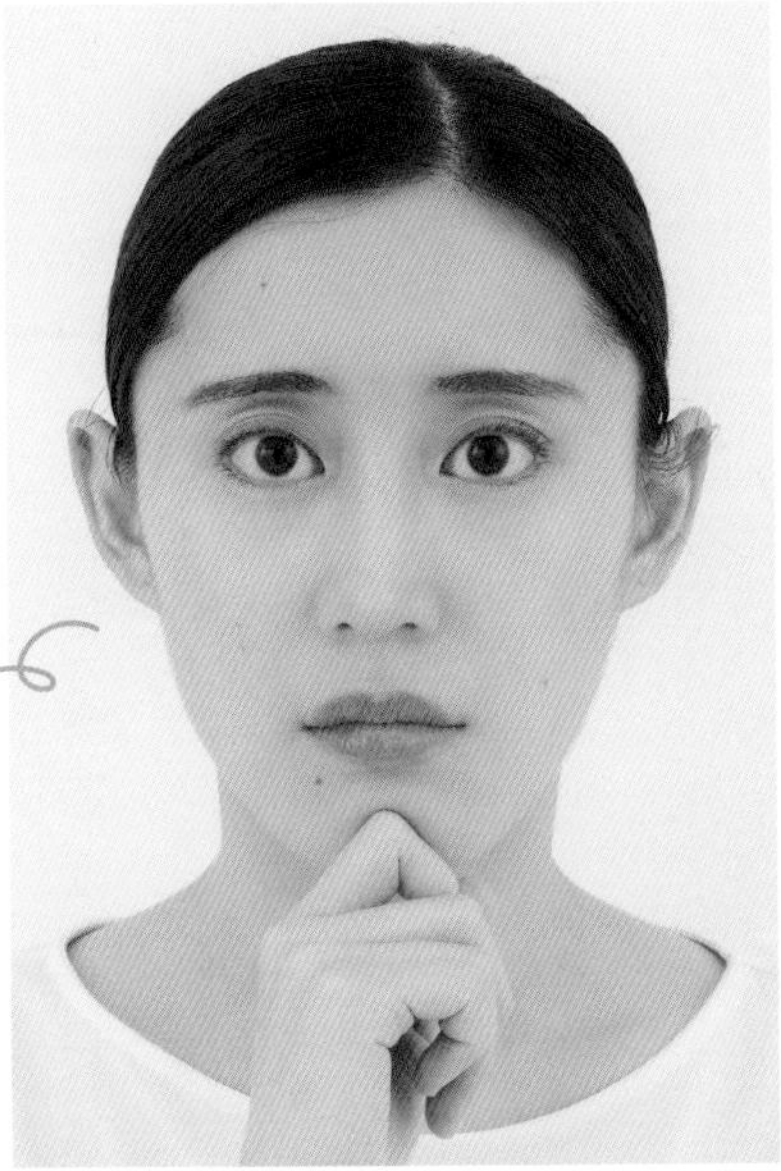

親指を下あごにつけて固定する。人差し指を曲げて、第二関節の側面をあごの一番出っ張っている部分に当ててクルクルとほぐす。

＼ 主に働きかける表情筋 ／

オトガイ筋

（あごにクリームを塗っていないとき）

人差し指を曲げて、第二関節の突起部分をあごの一番出っ張っている部分に当てて、ギュッと押す。

POINT

筋膜を剥がすようなイメージで、少し揺する程度なら動かしてもOK！

コンプレックス6 エラ張りを解消する

「丸顔だった顔の形が四角になってきた……」。そんな顔のエラ張りに悩んでいませんか？　エラが張っていると顔が大きく見えてしまうため、コンプレックスに感じている方も多いでしょう。

顔のエラと言うと、顔の骨格の問題と思いがちですが、生まれつきではなく**年齢とともに顔のエラが張っているように感じるのなら、それは筋肉の鍛えすぎが原因**です。

表情筋の中には、噛むときに使われる「咬《こう》筋」と呼ばれる筋肉があり、耳の下から頬にかけて広がっています。

表情筋は、ほとんどが皮膚から皮膚、もしくは皮膚から骨についている不安定なものですが、咬筋は例外で、**頬骨から下顎の骨にかけてついている骨格筋です。そのために使えば使うほど発達して大きくなる特徴があります。**

　また、**食いしばりや歯ぎしりのクセがある方は、咬筋に激しい負担をかけるため、注意が必要**です。とくに自分で見てわかりやすいのは犬歯です。犬歯は先端が尖《とが》っていますが、歯がすり減ると先端の尖りがなくなり、真っ平らになっていきます。すでにすり減っている人は、基本的に噛みしめと歯ぎしりがありますから、咬筋は頑張りすぎて硬くなっているに違いありません。

　加えて、あなたは食事以外のときにも、上下の歯をくっつけるクセはありませんか？　もしもくっついているとしたら、「噛みしめグセ」がついています。「接触しているだけ」と思うかもしれませんが、食事を除く時間は、**上下の歯が離れているのが自然な状態**です。歯がくっついているのは不自然であり、くっついている時間はずっと咬筋が使われていると考えてください。

　上下の奥歯が無意識のうちに噛んでいる状態は、あご関節にも大変な負担がかかっています。同時に、口から下の表情筋はつねに収縮した状態になっているので、たるみを引き起こす原因にもなります。

食いしばりや歯ぎしり、噛みしめは、咬筋だけではなく、**こめかみの上にある「側頭筋」も硬直させ、頭痛や肩こりを引き起こす要因**にもなります。百害あって一利なしです。

ただ、寝ている間に無意識で行なっていることが大半で、根治はなかなか難しいものです。しかし、食いしばりや歯ぎしりが続けば、咬筋と側頭筋はどんどん肥大化して硬いままで、エラ張りも解消されません。

どうしてもクセが直らない方は、歯を守るためにも歯科医院でマウスピースをつくることを真剣に考えてみてほしいと思います。マウスピースをすれば、歯の摩耗《まもう》が減少し、食いしばりなどの力を分散することができます。

そして、咬筋と側頭筋を緩めてほぐすマッサージを習慣にすると良いでしょう。顔の輪郭がシュッとする小顔効果もあります。

ここでは、「**咬筋ほぐし**」と「**口腔マッサージ**」の2つを紹介します。

口の中のマッサージは、皮膚を介さず直接筋肉をストレッチできるメリットがあります。基本的にどこに触れても問題ありませんし、皮膚のように擦《こす》って摩擦をかける心配もないので失敗がありません。

咬筋はこり固まっている方が非常に多いのですが、**口腔からアプローチすると、ほぐれやすく速効性を実感できます。**

咬筋をほぐすと、それに連動している多くの筋肉の緊張も緩めることができるので、笑顔がつくりやすくなったり、血流が良くなって顔色も明るくなります。

コンプレックス 6－1

エラ張りを解消する

推奨回数
1日1回

咬筋ほぐし

01

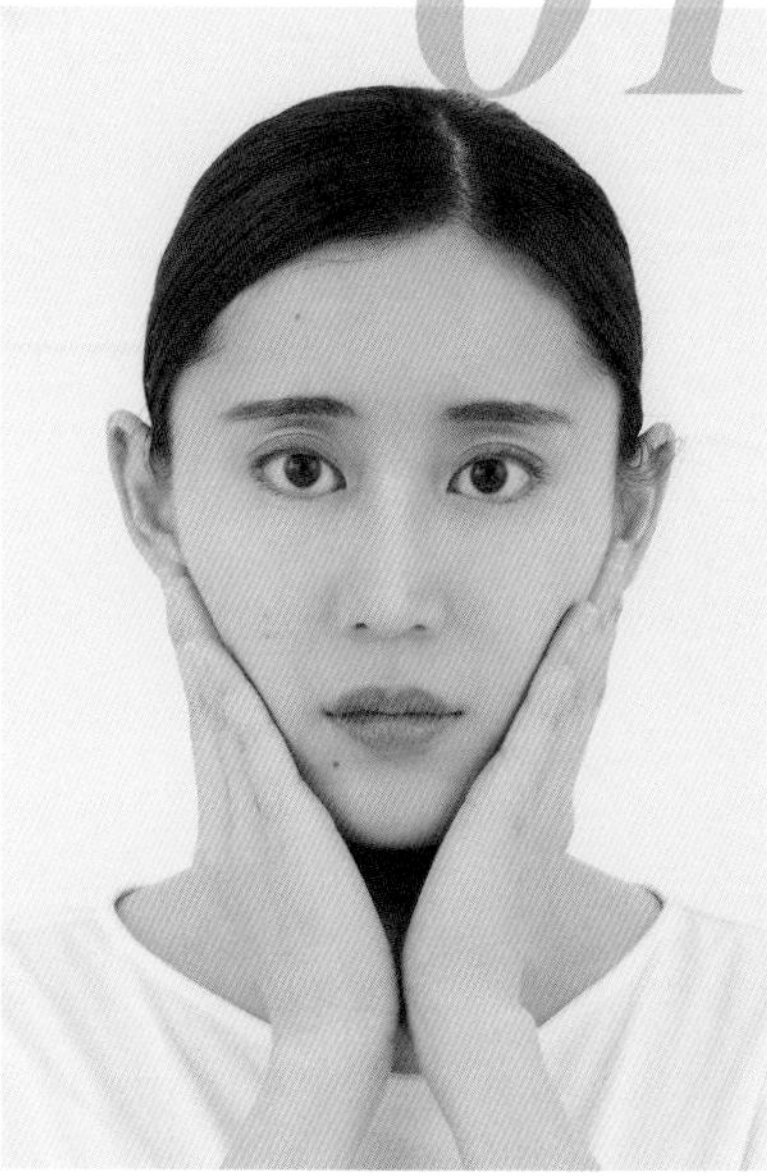

左右の頬骨があたる位置に手を添えて、奥歯をギュッと噛んで咬筋の位置を確認する。

POINT

奥歯を噛みしめたときに、頬のあたりでプクッと膨らむところが咬筋。

02

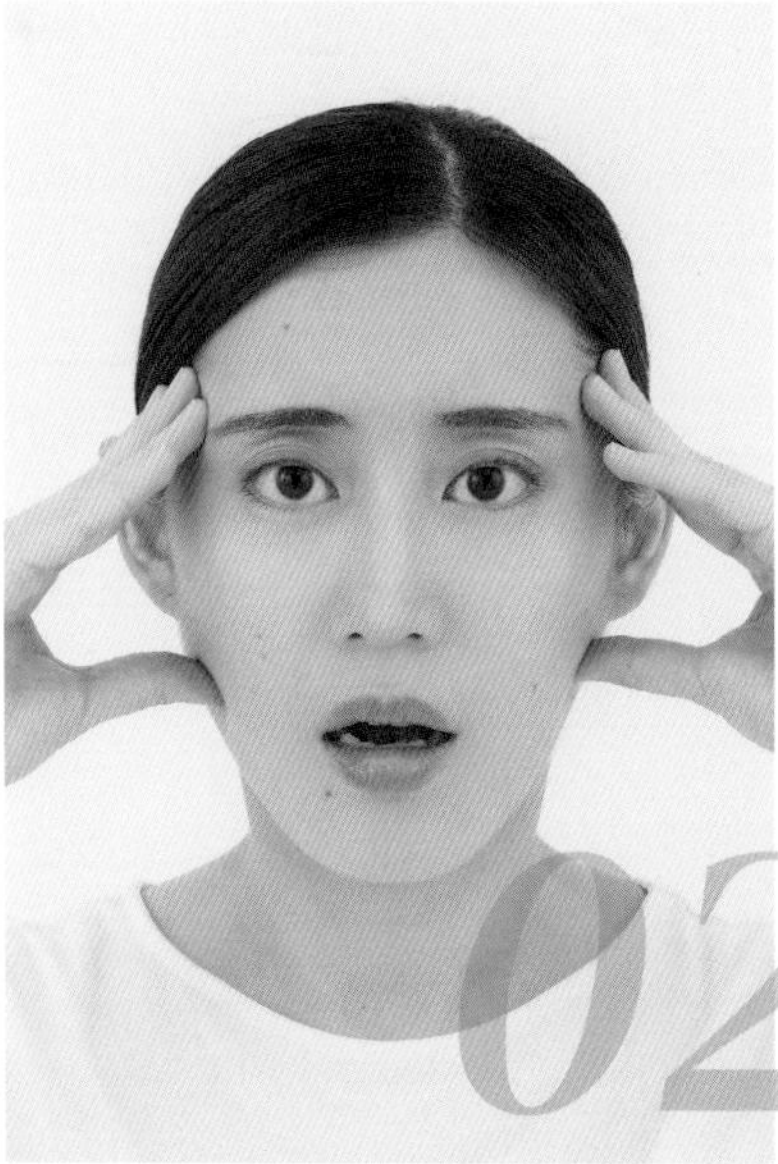

親指を見つかった咬筋の上に添え、残りの指で頭を固定して、親指で数回グッと咬筋を押す。少し揺するようにしても良い。

POINT

口もとに力が入らないように口をぽかんと開ける。

＼ 主に働きかける表情筋 ／

咬筋　側頭筋

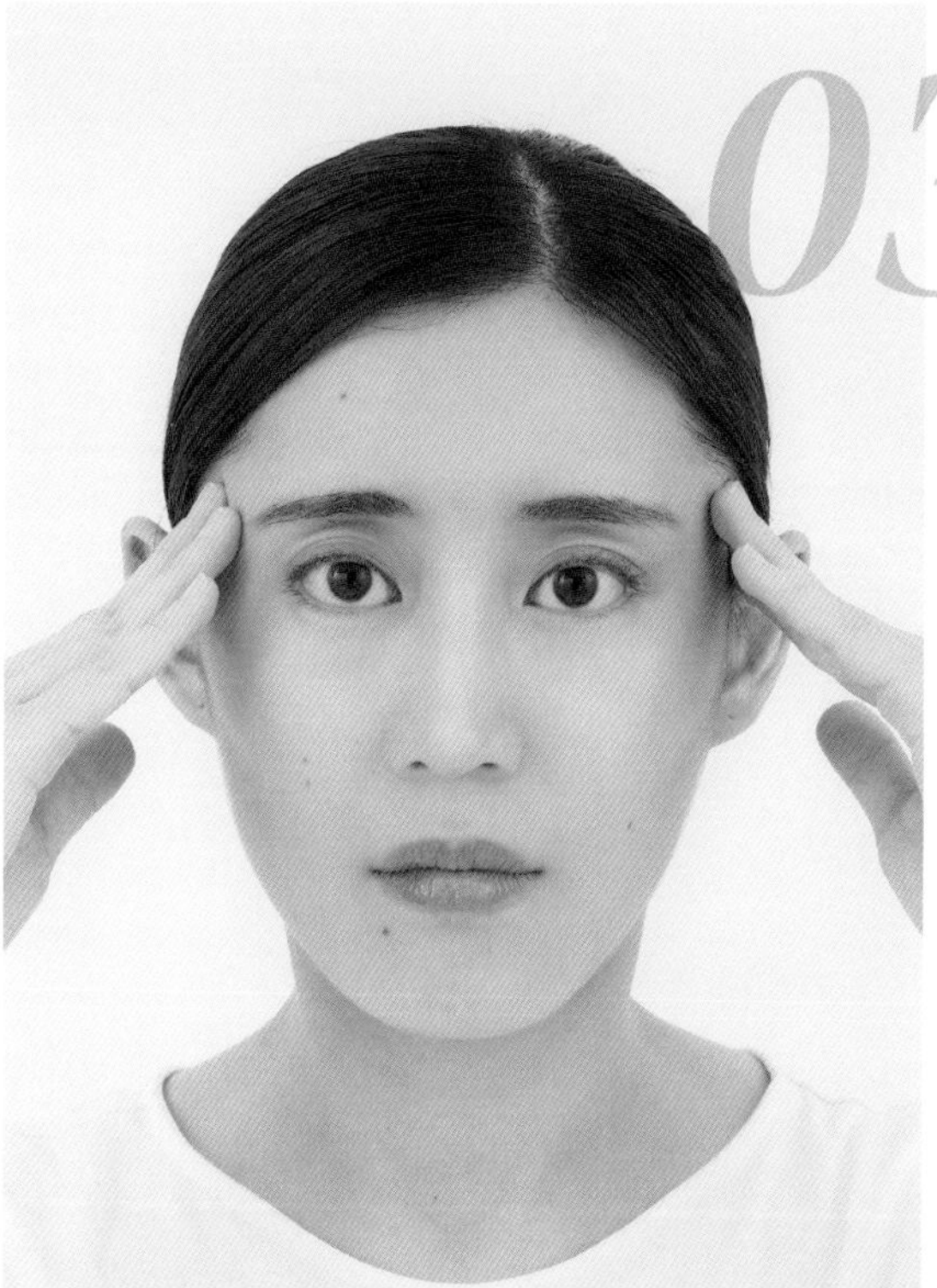

親指を離し、４本の指で側頭部を固定して、こめかみを数回グッと押す。少し揺するようにしても良い。

コンプレックス 6-2

エラ張りを解消する

推奨回数
1日左右各1回

（口腔マッサージ）

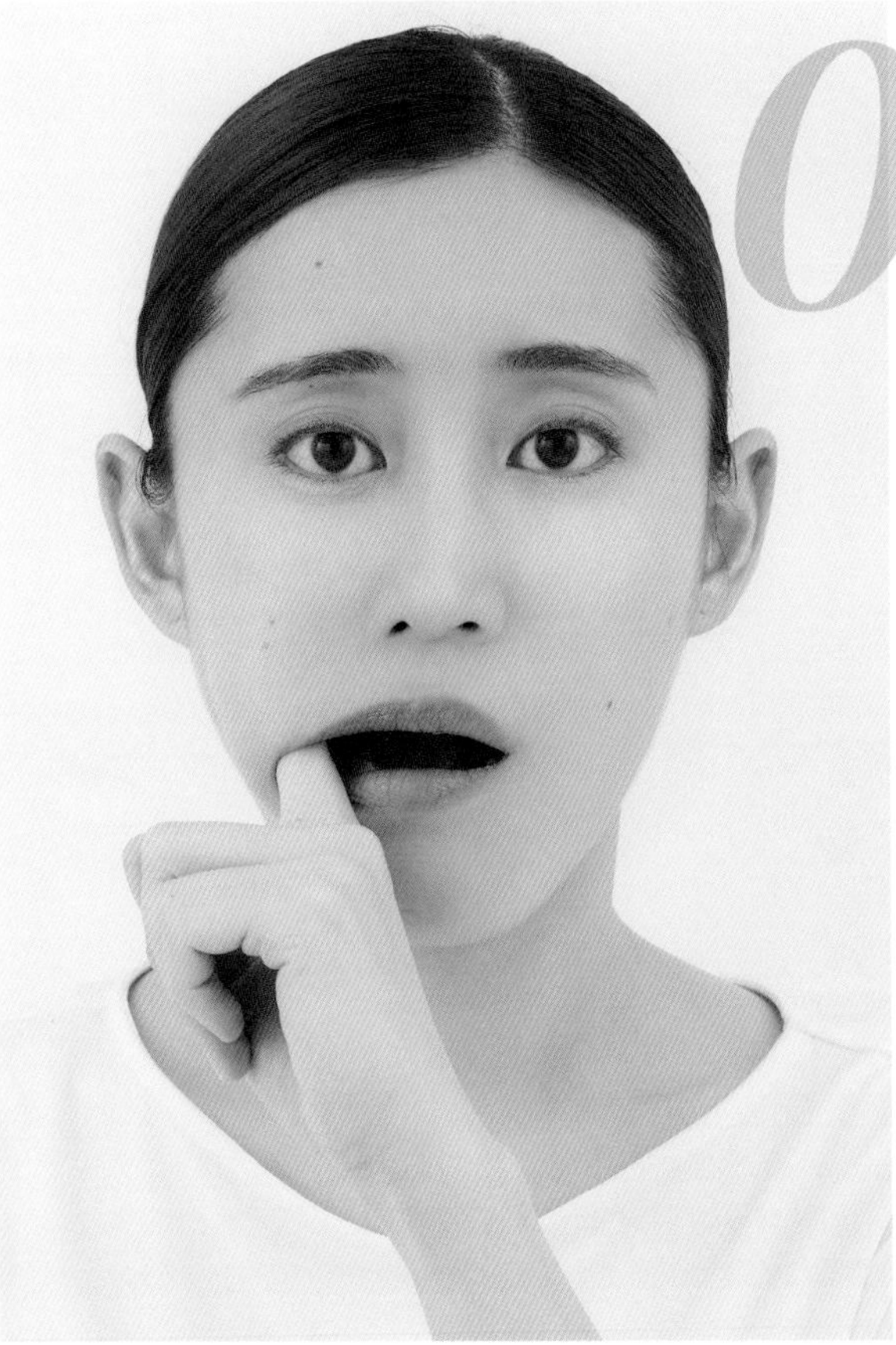

01

人差し指を片側の奥歯に向かって入れ、突き当りにある出っ張りを痛すぎない圧でグーッと押す。

POINT

爪を短く切って、清潔な手で行なう。

＼ 主に働きかける表情筋 ／

咬筋　側頭筋

02

そのまま口を軽く閉じて、もう一方の人差し指で奥歯の少し上に空いているくぼみを、痛すぎない圧でグーッと押す。

コンプレックス7 眉間のシワを解消する

自分では不機嫌なつもりはなくても、眉間にシワがあるとそう見えたり、怒っているように思われてしまうことはありませんか？

眉間にシワがすでにある場合、「何気なく下を向いたとき」「パソコンを見ているとき」「人の話を熱心に聞いているとき」「咳払いをするとき」「鼻をかむとき」といったちょっとしたときに、無意識のうちにシワを寄せていたりします。それは、筋肉が形状記憶しているために起こります。

「眩《まぶ》しい」ときも要注意です。私自身、目の色が茶色いので、眩しい光が苦手です。子どもの頃から眉間を寄せるクセがあり、20代からすでに眉間にシワがありました。40代にもなると、普通にしていても眉間にくっきりシワの線が残るようになって、ゾッとしたのを覚えています。

眉間の表情筋は「皺眉筋《しゅうび》」と言って、シワを寄せるクセがあるというのは、日常ですでに皺眉筋を鍛えていることになります。とくに若い方は、シワを寄せるとともに、眉間の上がグッと盛り上がっている傾向があります。鍛えられた筋肉が硬くなってコリになっているためです。なので、鍛える意識よりも、緩める意識が大切になってきます。

眉間のシワ対策の1つ目は、**いつ自分が眉間にシワを寄せているか気づくこと**です。「無意識に寄せているから気づけない」と思うかもしれませんが、「**眉間にシワを寄せない」と決心するだけでも、人間の脳は勝手に意識してくれる**ようになります。

すでにシワが入っていたり、眉間の上が盛り上がっている人は、次のページで紹介するマッサージを行なってください。

また、朝、鏡を見たとき、眉間のシワが目立っていたら、寝ている間に眉をひそめている可能性があります。ストレスフルな日常を送っていたり、悩み事があるときなどに出やすいので、寝る前はリラックスする時間をとって、ゆったりとした気持ちで眉間のマッサージをしてから休むようにしましょう。

コンプレックス 7

眉間のシワを解消する

推奨回数
1日左右各1回

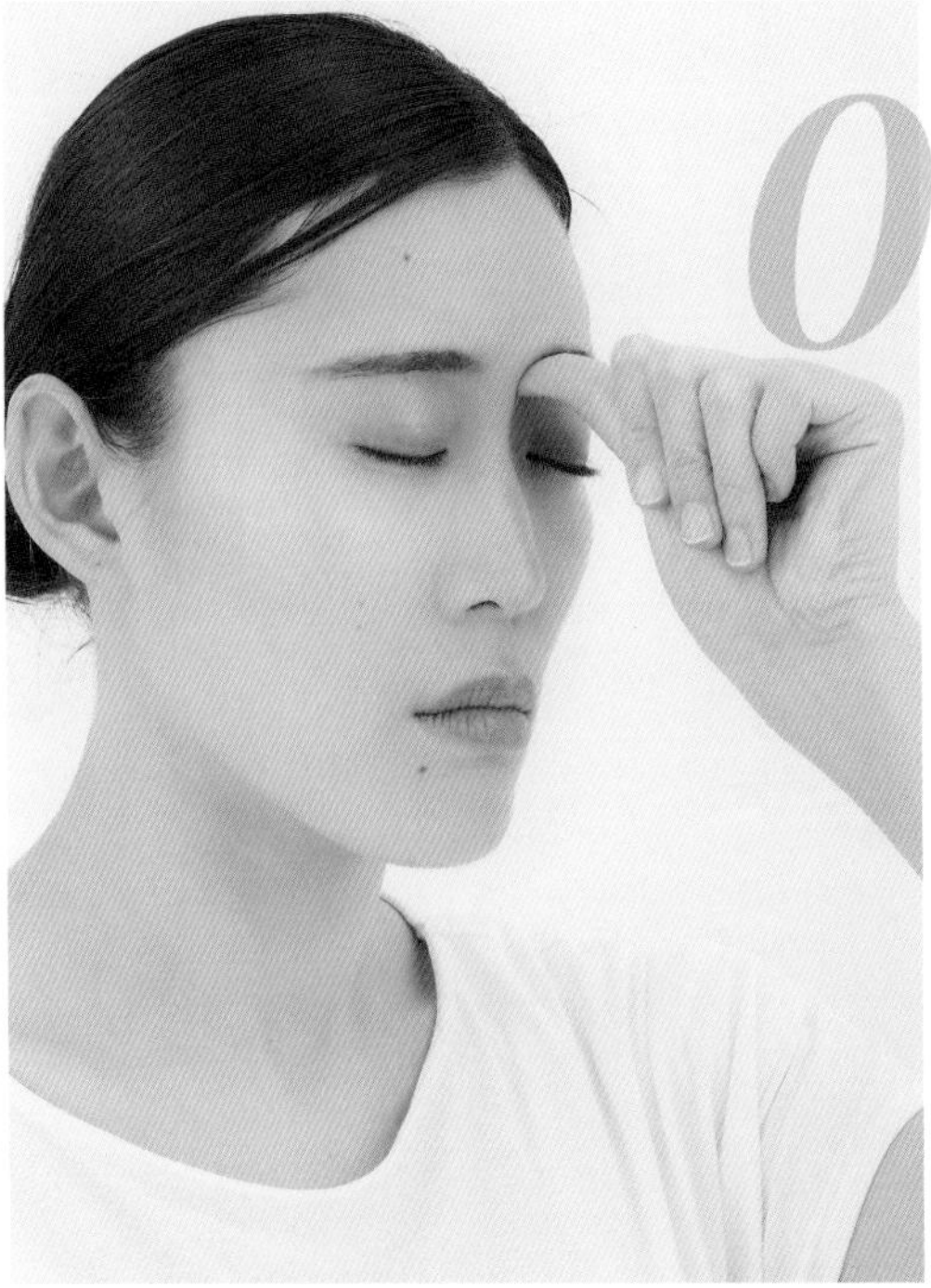

01

額に力を入れず筋肉を緩める。目を閉じた状態で、親指の腹で目頭から目尻に向かって少しずつずらしながら優しく押す。

POINT

強く押しすぎて、
皮膚を引っ張らないようにする。

＼ 主に働きかける表情筋 ／

皺眉筋

02

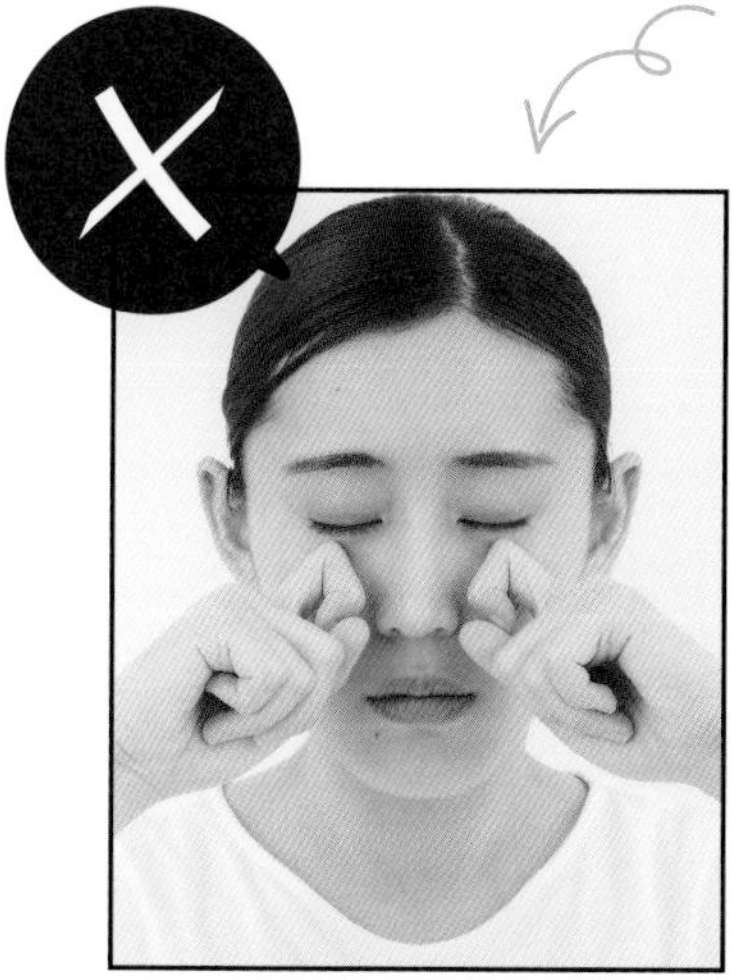

目の下は非常にデリケートなので、絶対に押さない。

人差し指を曲げて、第二関節の突起部で眉の上を外側に向かって少しずつずらしながら、５秒ずつグッと押す。

コンプレックス8 マリオネットラインを解消する

小鼻の横から口角にかけて入るほうれい線と同様に、口角からあごに走るシワ、「マリオネットライン」は、加齢とともに悩む方が増えるものです。腹話術や人形劇などでよく使われる操《あやつ》り人形、マリオネットの口もとに似ていることから、マリオネットラインと呼ばれるようになりました。これらの線があるのとないのとでは、老け顔具合がまったく違います。

マリオネットラインの大きな原因は**「口角下制筋」の使いすぎ、「口輪筋」の衰え、頬の表情筋を使えていない**という3つです。また、この3つが揃っている場合、もれなくマリオネットラインが入る笑顔のつくり方をしているはずです。つまり、**口に力が入ったまま、頬の筋肉は使わず、無理に口角だけを上げて笑顔をつくっている**ということです。

ほかには、受け口などの下あごが出る歯並びであること、ストレスで口に力が入ったり、噛みしめが強いことなどが影響している場合もあります。

この解消には、先に挙げた３つの原因を取り除くのが近道です。

まずは、**日常から意識的に口もとを緩めるようにして、口角下制筋を使いすぎないようにしましょう。**40代以降の90％以上の人が口もとに力が入っていることに気づいていません。口の両端にほうれい線以外の線が短く入っている方も、これに当てはまるので要注意です。

口角下制筋を使いすぎないようにするには、先に紹介した口輪筋を鍛えるトレーニング（86ページ参照）とストロートレーニング（78ページ参照）のほか、次に紹介するトレーニングを行なって、口輪筋の衰えを回復させましょう。**口輪筋を使うようになると、自然に口角下制筋が頑張りすぎないようになります。**

いずれにしても、口もとから下の筋肉ばかり使わず、頬の表情筋、とくに小頬骨筋を鍛えて笑顔をつくる練習をしていきましょう。ほうれい線の解消も見込めて一石二鳥です。

コンプレックス 8

マリオネットライン を解消する

推奨回数
1日1回

01

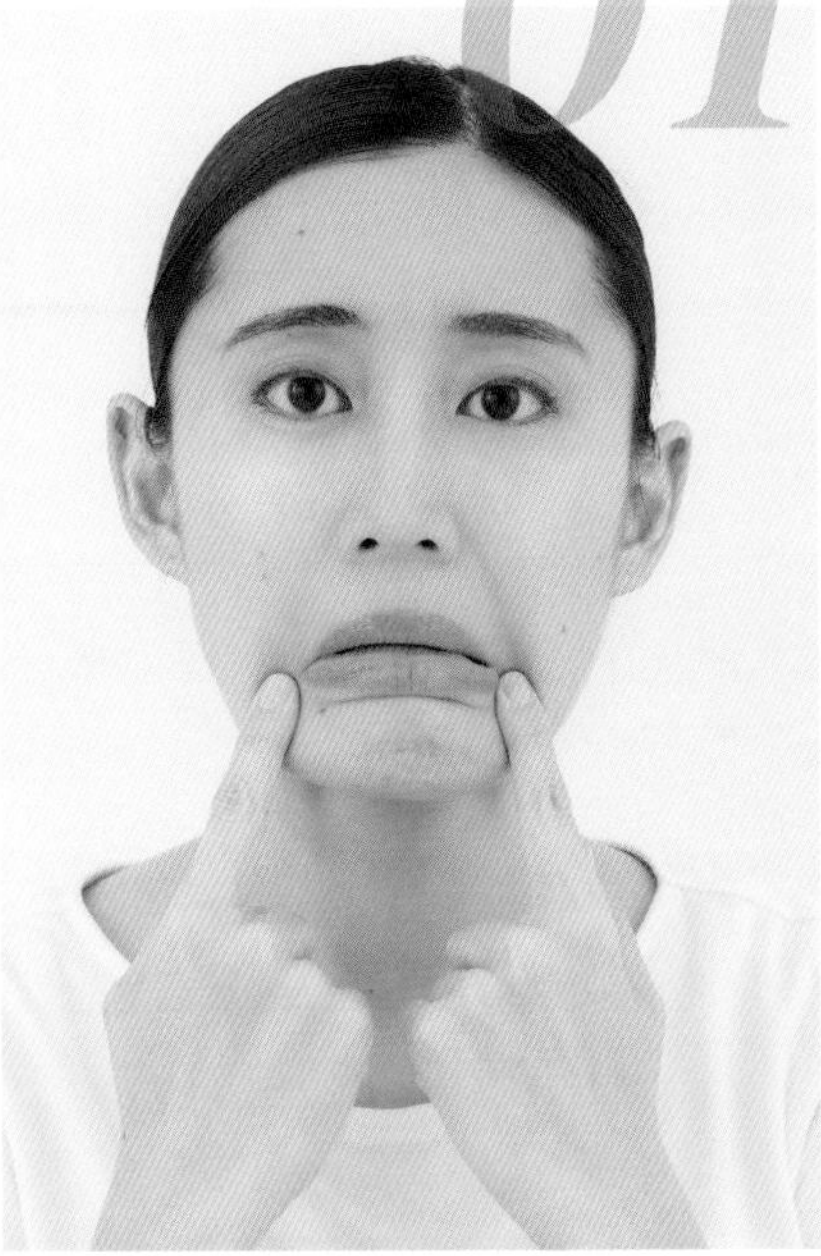

両方の人差し指で口角を固定し、下に向かって垂直に下げる。

POINT
やりすぎると逆効果。さらにシワがくっきり刻まれるため、1日1回に。やりすぎ厳禁！

02

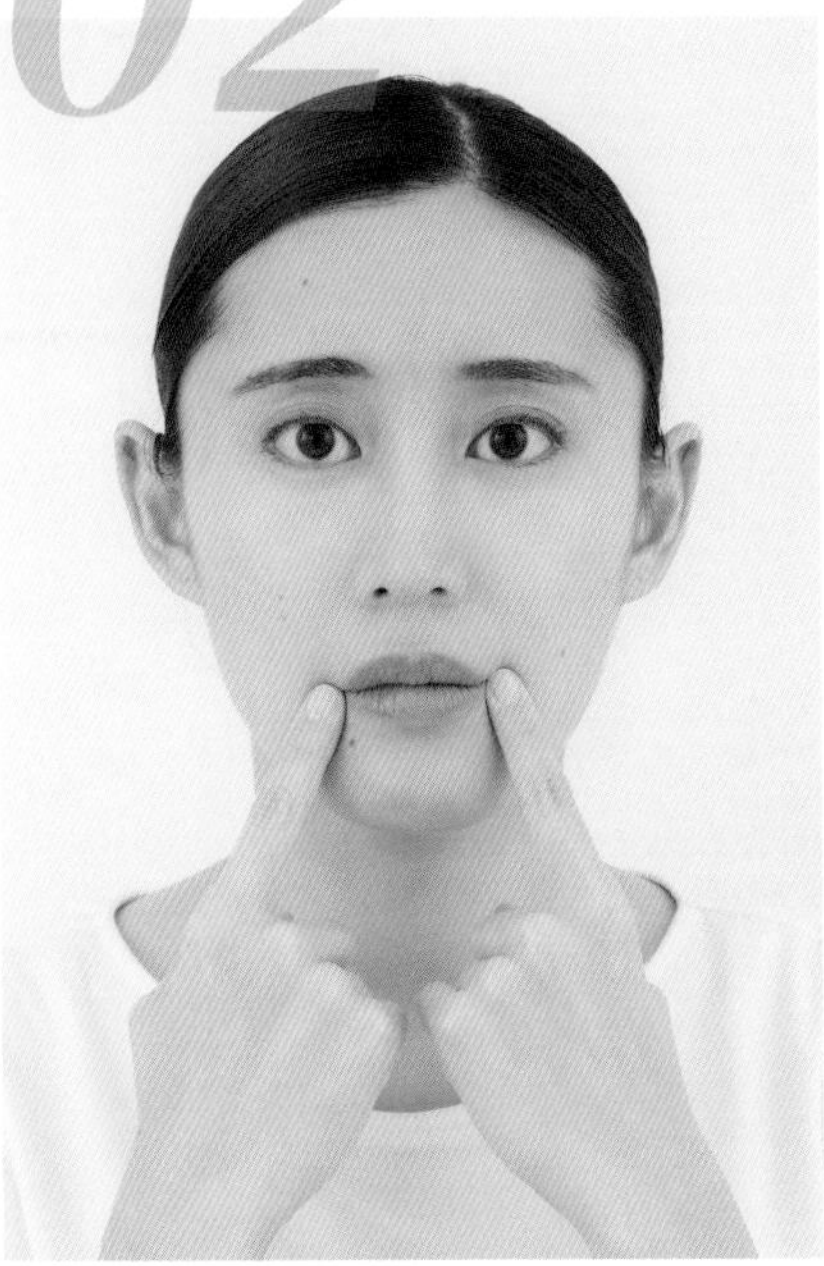

人差し指は口角に添えたまま、もとの位置に戻す。

＼ 主に働きかける表情筋 ／

口角下制筋　小頬骨筋
口輪筋

03

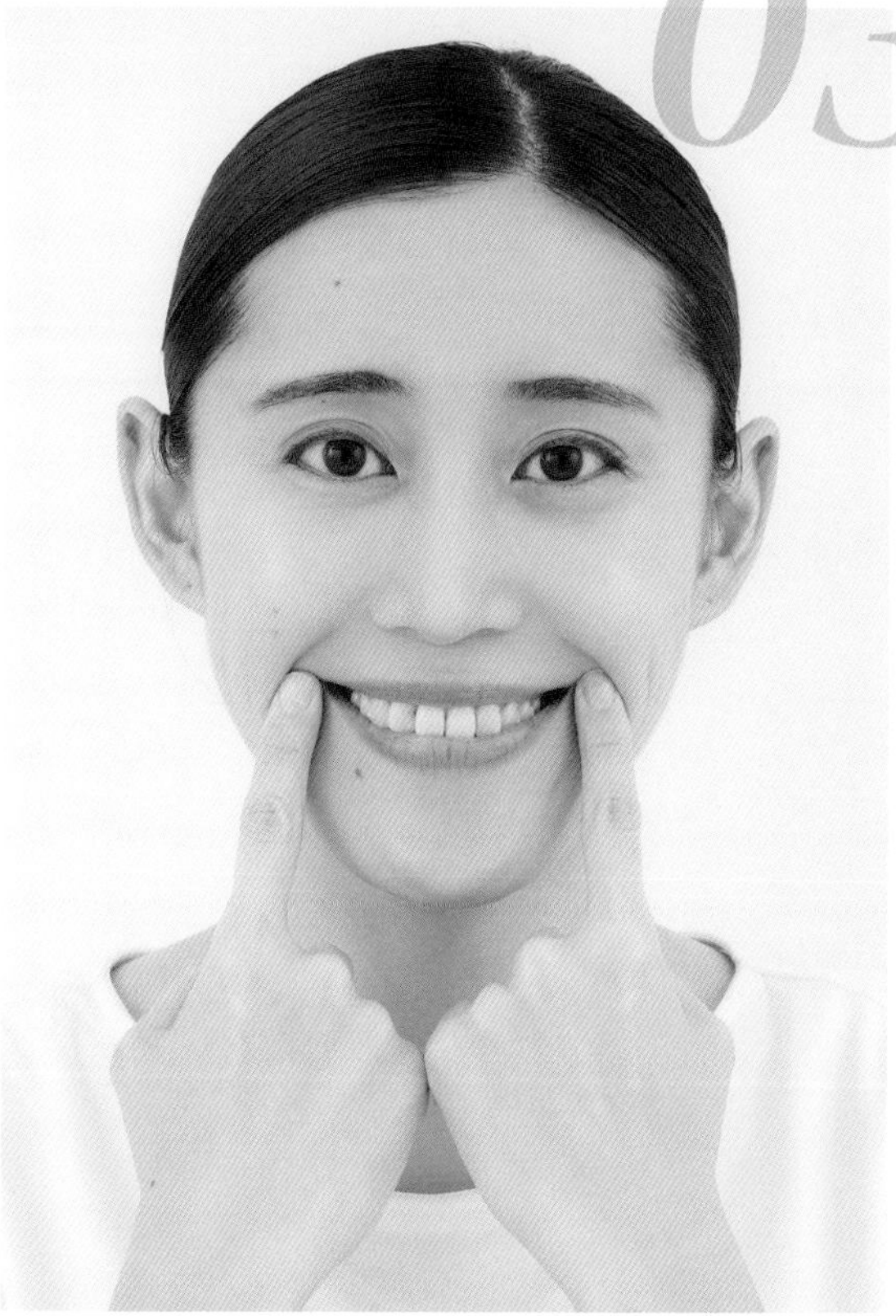

人差し指で口角を固定し、*01*とは反対に上に向かって垂直に上げる。

Column

眉間のシワを解消する神アイテム

四六時中、眉間のシワがしっかり刻まれている方や、寝起きが一番眉間のシワが深いという方は、眉間のシワ伸ばしテープを使うのもおすすめです。

貼るときのコツは、眉間のマッサージを正しく行ない、保湿のスキンケアをしっかりした後に、シワを引っ張ったりせずにペタッと自然に貼ることです。

シワを指で引っ張ってシールで固定してしまうと、皮膚がたるむ原因になるので注意してくださいね。

また、ずっとシワ伸ばしテープに頼るのではなく、表情筋のケアをしっかり行なって、眉間のシワを根本から改善する意識を持ちましょう。

テープは便利なので、つい貼ることが優勢になりがちですが、マッサージをした後に貼るほうが効果も出やすく、肌も傷めにくいです。

シワ伸ばしテープはいくつかありますが、私が一番おすすめしているのは、

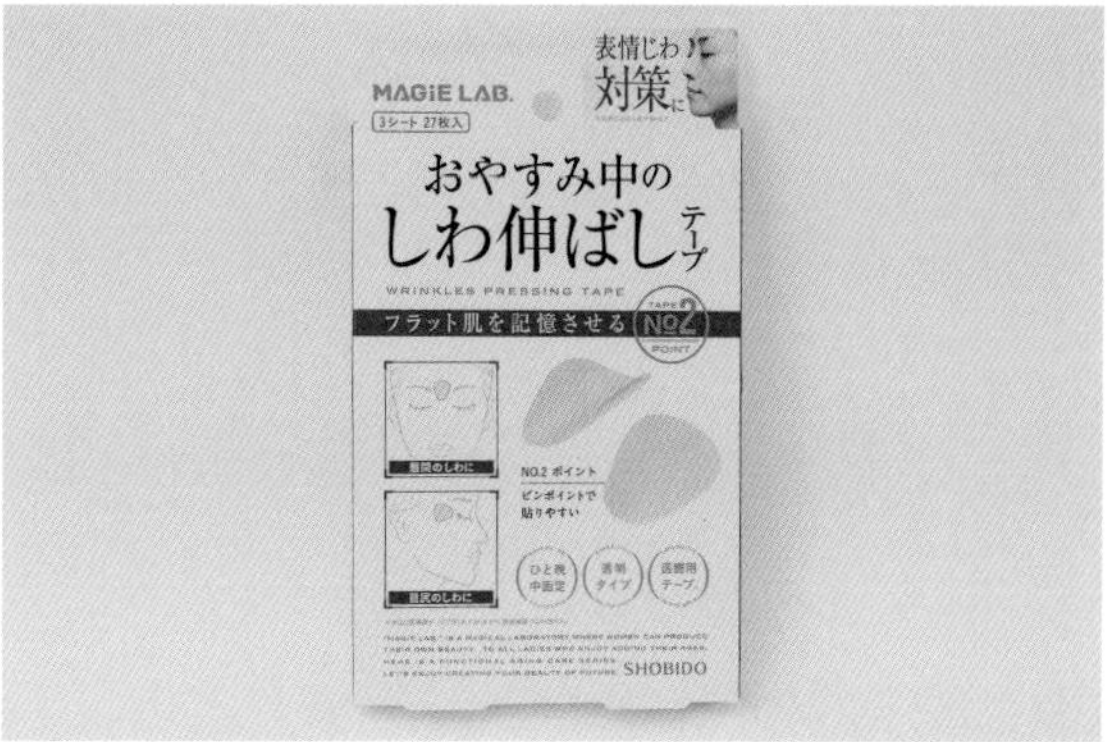

「おやすみ中のしわ伸ばしテープ」（粧美堂）です。

ほど良い硬さで寝ている間にシワが寄らないようしっかり固定してくれます。

肌の弱い方、アレルギーをお持ちの方はご使用前に皮膚刺激性試験（パッチテスト）を実施して、異状が現れた場合は使用を控えてくださいね。

長時間同じところに貼り続けたり、強く押しつけると皮膚の炎症などを招く恐れもあるため、無理のない範囲で行なってください。

Part 4

自分史上最高の
笑顔のつくり方

笑顔に助けられた人生――「表情筋」との出会い

本章では私のトレーニングを受けてくださった生徒さんの体験談をご紹介します。その前に、少し私自身の話をさせてください。

今私はこうして、笑顔をつくる指導をしており、おかげさまで20年以上も続けられているのですが、最初から順風満帆だったわけではありません。

そもそもなぜ私が笑顔を広めることを仕事にしようと思ったのか。あらためて人生を振り返ってみると、あれだけ嫌いだった自分の笑顔に助けられてきたことに気がつきました。

笑顔を失っていた子ども時代

和歌山県の田舎で生まれ育った私は、小学校の5年生までは地元でも有名な会社の社長の娘でした。しかし、父の経営していた会社が倒産して、父と母が離婚。母が東京へ引っ越してしまい生活が一変しました。

当時は、現在のように3組に1組の夫婦が離婚するような時代ではなかったですし、両親の離婚はとてもショックでした。

小さな田舎町で、誰もが我が家の窮地を知っている状態で、まわりの人からつねに「かわいそうな子」という視線を送られているのがわかりました。私はそれが、恥ずかしくて、悲しくて、寂しくて……。笑うことができなくなってしまったのです。

そんなとき、暗く沈む私の心に明かりを灯してくれたのが、友だちの笑顔でした。学校に行くと笑いながら、以前と変わらず接してくれる友だちの存在に救われました。

この記憶がいつも私の根っこの部分にあるので、笑顔を広める活動に導《みちび》かれたのかもしれません。

35歳で深く刻まれたほうれい線に大ショック！

高校を卒業した私は、母に呼ばれて上京し、叔父が経営する歯科医院で歯科衛生士として働くことに。結婚後は3人の子育てに追われるごく平凡な主婦として人生を歩んでいました。

さて、30代後半に差しかかった頃のことです。友だちと撮った集合写真の自分の顔に大きなショックを受けたのです！　ほうれい線があまりにしっかり刻まれていて、皆と同じくらいの年齢のはずなのに誰よりも老けて見えたのですから。

それからというもの、自分の顔を鏡で見るたびにため息ばかり……。本や雑誌で紹介されるあらゆる化粧品を試したり、エステに通ったりした時期もありましたが、ほうれい線が改善することはありませんでした。

むしろ年齢とともにほうれい線はくっきりと存在感が増して、40歳の頃には、自分の顔を鏡で見るのも嫌になり、「私はほうれい線がしっかり入る顔なんだ」と、きれいになることを一度はあきらめかけました。

「表情筋」との運命的な出合い

そんなある日、週刊誌の記事に釘《くぎ》づけになりました。「表情筋」という当時始めて知った言葉に心が鷲掴みにされたのです。一気に記事を読むと、顔の筋肉である「表情筋」を動かして、シワやたるみを改善するかんたんな方法が2つ紹介されていました。

当時、「顔の筋肉を鍛える」という発想はじつに画期的なものでした。

感銘を受けた私は、その理論をぜひ学びたいと思い、紹介されていたエステサロンに直接電話をかけたのですが、あいにく人に教えてはいないと断られてしまいました。

仕方なく独学で記事を頼りに顔のトレーニングを続けて1年近く経った頃、そのときはほうれい線が消えることはなかったのですが、なんと自分の顔を見ることが嫌ではなくなっていたのです。「表情筋はすごい。これはきっと世の女性たちが注目するようになる！」、そう直感しました。

ほどなくして、「表情筋」という言葉を頼りにやっとの思いで見つけた、日本における表情筋の第一人者の方の講座にも通うようになり、資格を取得すると講師としての活動が始まりました。

Before

After

うれしいことに、そのあたりからまわりの友人からも

「ほうれい線が薄くなったね」

「10歳くらい顔が若返ったんじゃない？」

「笑顔が自然で素敵になったよ」


と言われるようになっていました。

誰もが唯一無二の輝く笑顔を持っている

とはいえ、最初からビジネスとして成り立っていたわけではありません。当初は行政が主催するようなボランティア活動が中心でした。

笑顔はわざわざ教わらなくてもできることです。だから最初は「笑顔を教えてお金を取るの？」という考え方が主流でした。私自身も、せっかく仕事が入ってもお金を受け取ることに抵抗があった時期が10年近くありました。

それでも続けられたのは、笑顔に悩みをお持ちの方はたくさんいて、**皆さんが自分の笑顔に自信を持てるようになって幸せになっていく――**。その感動が忘れられないからです。

テレビで観る笑顔が素敵な芸能人の方たちも、ほとんどの方は生まれつき完璧な笑顔だったわけではないかもしれません。努力をして自身の笑顔の魅力を高めています。

さあ、次はあなたの番です。自分の自然な笑顔に出会えたときの感動を、ぜひ味わってくださいね。

体験談①

Tさん（60代）

歯並びが悪くても歯を見せて笑えるようになりました

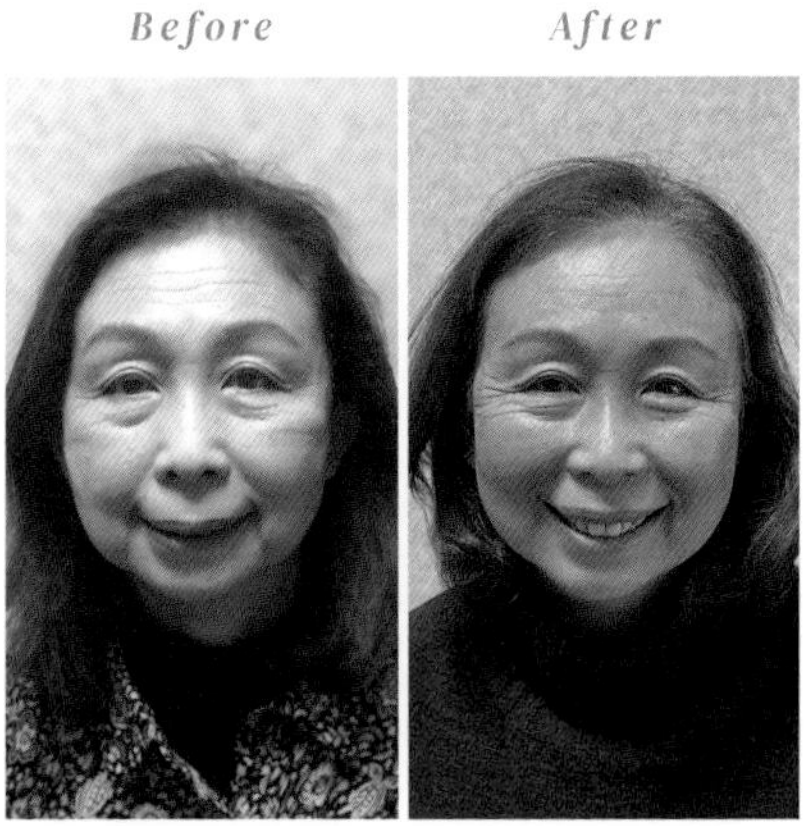

Tさんは、発達障害やグレーゾーンの子どもたちに勉強などを支援する個別指導の教室を主宰されています。子どもたちを相手にしていることもあり、笑顔で接したいと長年思っていたそうなのですが、「どうしても笑顔ができない」とすごく悩まれていました。

初回のレッスンでは、私がYouTubeで投稿していた動画のストロートレーニング（78ページ参照）を観ながら毎日実践していたようで、頬はだいぶ動くようになっていました。

ただ、彼女は歯並びが悪いことがコンプレックスで、歯を見せないように笑うクセがなかなか抜けませんでした。

たしかに、**顔の筋肉は歯並びに従って動くため、歯並びが良ければ筋肉は正しく動きますが、歯並びが悪いと筋肉の動き方も間違った方向に進んでしまいます。**

その結果、あごの歪みが目立ってきたり、笑顔の際の口もとが左右対称でなかったり、片側だけにシワやたるみが多く出るといったアンバランスさや、表情のぎこちなさに繋がったりします。

Tさんの場合は、ストローを使ったトレーニングは上手だったので、さらに口もとの力を抜き、左右対称に歯を見せて笑えるようなトレーニングを進めていきました。歯並びが良いに越したことはありませんが、たとえ良くなかったとしても、**表情筋を鍛えてきれいな口もとをつくれば、歯並びの悪さはさほど気にならず素敵な笑顔がつくれます。**それは誰にでも言えることです。

また、額を使って目を開けるクセもあったため、額の横ジワやほうれい線が目立っていました。

Tさん自身は、マリオネットラインやたるみも気にされていましたので、すべて一通りレッスンを行なってもらったところ、わずか半年でここまで変わることができたのです。

顔全体が引き締まって小顔にもなりましたね。今もたびたびレッスンに通ってくださっていて、ますます自然で美しい笑顔を見せてくれています。

Tさん　ご感想

私は幼児や小学校の低学年の子どもを相手にする仕事をしているので、第一印象は本当に大切だと常日頃から思っていました。一目で安心して心を開いてもらえるような笑顔でいたい。そう思い、北野先生のレッスンに通いました。

カウンセラーの仕事では「笑顔が優しくて安心して話せる」と言ってもらえるようになりました。

年齢を重ねるとともに自分の顔にがっかりすることも増えていったのですが、表情筋を意識することで、他人に与える印象が大きく変わり、自信が持てるようになったことをうれしく思っています。

おかげさまで、子どもたちとも良好な関係を築いています。

体験談②

Mさん（50代）

整形疑惑が噂されるほどパッチリ目になって若返りました

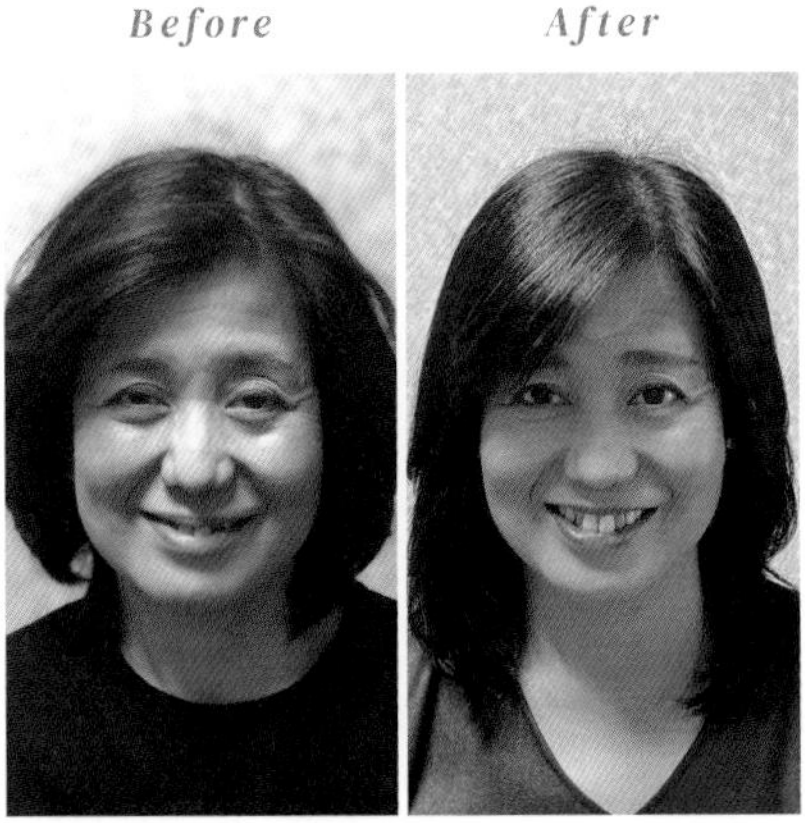

Mさんは、写真を撮られるのがとにかく苦手とおっしゃっていました。家族旅行でしぶしぶ撮影に応じたのに、その写真を見てお子さんに「イマイチ」と言われてショックを受けてしまい、「どうしても笑顔に自信が持てない」「このままあきらめるほかないのか……」と悩んだ末にレッスンに来てくださいました。

ビフォー・アフターの写真を見ると一目瞭然ですが、顔がリフトアップして、目も倍くらい大きくなりました。額のシワもなくなりましたね。顔がすっきりとシュッとして10歳くらいは若返ったような印象です。

Mさんの場合は、額のシワが目立っていました。いつも無意識に額を使って目を開けていたためか、まぶたを上げる力も弱くなり、目も小さくなっていたと考えられます。

改善点としては、**とにかく額を使って目を開けないようにすること。**そのクセが抜けてくると、目をパッチリ大きくするトレーニング（94ページ参照）も、ストロートレーニング（78ページ参照）も、どれもスムーズになって相乗効果で改善が進んでいきます。

わずか半年でびっくりするほど印象が変わって、職場で整形疑惑を噂されたり、友人からも「顔に何かしたの？」と言われるほどだったそうです。

さわやかで素敵な笑顔になり、写真を撮られることも好きになったということです。

Mさん　ご感想

そもそも自分の顔が好きではなくて、写真を撮るときも笑顔になれず、自分に自信が持てませんでした。でもトレーニングを受けてから日々変わっていく自分の顔に自信が持てるようになり、笑顔が好きになっていきました。

同時に気持ちの面でも前向きになりました。これは私にとって、とても大きなことで、意を決してレッスンを受けて良かったと思っています。

日々の表情筋トレーニングによって本当に顔も心も変化しています。自分の顔のこりもわかるようになったり、セルフメンテナンスができるようにもなりました。この先もずっと続けようと思っています。

体験談③

白《しら》坂《さか》葵《あお》唯《い》さん（40代）

※笑顔表情筋認定プランナー

目もとのシワがみるみるうちに消えていきました

Before　*After*

白坂さんはもともと笑顔が可愛らしかったので、「どこに悩んでいるの？」と尋ねると、「子育てに夢中になっているうちに目のまわりがシワシワになってしまった」とのお返事をもらいました。

笑顔にものすごく力が入っていて、目もとも口もともギュッと力を入れて笑顔をつくっていたことがわかりました。じつは、このような笑顔のつくり方をする方はとても多いです。

本人は無意識でやっていますし、白坂

さんのように大きく笑う方の印象は悪くないので、笑顔のせいでシワが加速しているとは気づきにくいかもしれません。残念なことに、笑顔になればシワはできるもの、と思い込んであきらめている人も大勢います。

白坂さんの場合は、とにかく顔の力を緩めることを意識してもらいました。また、ほんの少しだけ上の歯が出ているので、ビフォーの写真は上の歯の歯茎が少し見えていますよね。

歯茎が見える笑顔は「ガミースマイル」と言って、コンプレックスに思っている方も多くいると思います。上の歯が出ている方の場合、どうしても「上唇挙筋」という上唇を持ち上げる筋肉を動かしやすいため、笑うと歯茎が見える状態になります。

白坂さんは、わかりやすい上顎前突（出っ歯）ではないのですが、それでも筋肉の使い方に影響することがあります。その筋肉の使い方をトレーニングで変えていきました。ストロートレーニング（78ページ参照）が効果的で、私が「笑顔筋」と呼んでいる**「小頬骨筋」を鍛えることで、筋肉を上に向かって上げる**

のではなく、外に向けて動かすようにしていきました。

ビフォーの笑顔も素敵ではありますが、アフターの笑顔と比べてみると、ちょっと無理してつくった笑顔にも感じます。結果として、今はシワも改善されて、歯茎を見せずに、自然で優しい印象を与える笑顔になりました。

（白坂さん　ご感想）

産後疲れで自分のことに時間をかけることができず、気づいたらシワやたるみがひどくなっていました。笑顔になるとシワが助長されるため、いつのまにか鏡を見ることも、笑顔を人に向けるのも怖くなっていました。

そんなとき、笑顔表情筋トレーニングを知り、レッスンを受けるようになりました。悩みだったシワも改善され、笑顔を褒められることが増え、自分の笑顔が好きになりました。今は、自信を持って人に笑顔で接することができます。

笑顔表情筋トレーニングという新たな学びを得て、笑顔表情筋認定プランナーとして活動し続けていることも、以前の自分では考えられなかったことで、私の人生の中で大きなターニングポイントになったと思っています。

笑顔表情筋トレーニングはシワやたるみの改善はもちろんのこと、笑顔がどんどん魅力的にブラッシュアップされていくのが大きな魅力です。ぜひ、あなたも素敵な経験をなさってみてください。

体験談④　小鳥遊《たかなし》ゆうさん（30代）

※笑顔表情筋認定プランナー

長年コンプレックスだった「受け口」を克服しました

Before　After

小鳥遊さんは生まれつき反対咬合（咬み合わせたときに、下の前歯が上の前歯よりも前に出ている状態）で、受け口の悩みを持っていました。あるセミナーで、最後に私に駆け寄ってきて、「外科手術も入れる大掛かりな歯列矯正《きょうせい》をしたのに、上の歯が見えるようにならないし、自分の笑顔が変わりません」と真剣に訴えてきたのが出会いでした。かれこれ15年近く悩んできたと言うのです。

じつは**歯列矯正をしただけでは、笑顔**

がきれいになったりはしません。たとえば、それまで歯を見せないように笑っていたとしたら、今までの筋肉の使い方をしてしまうからです。

小鳥遊さんはレッスンを受けてから、上の歯をきれいに見せて笑顔をつくれるようになったのはもちろん、コンプレックスのせいで苦手だった人と話をすることも克服できました。

自分の笑顔が劇的に変化したことで、マインドも変わり、当初は「自分の顔が嫌い」と言うほどだったのに、自信がついてきているのが手に取るようにわかりました。

もともと美容に関するお仕事をされていた小鳥遊さんは、笑顔によって心まで変化するということを体得されて、笑顔表情筋認定プランナーの活動にも力を入れています。

自分と同じように外見コンプレックスがあっても変われるという発信をしたり、いつも笑顔いっぱいで頑張っている姿を見ると、私もうれしい気持ちでいっぱいになります。

小鳥遊さん　ご感想

笑顔表情筋トレーニングと出会う前は、自分の笑顔や顔が嫌いで、なるべく写真に写らないようにしたり、人前に出たりすることもとても苦手でした。でも、自分の笑顔や表情が変わってからは、家族や友だちと写真を撮るのも平気になりました。自分の表情や顔が嫌いだったのが、今は「自分の顔にも良いところがある」というふうに思えるようになり、自己肯定感が高まりました！

笑顔や表情、お顔の悩みは、生まれつきのものとあきらめてしまう方が多いと思いますが、お顔の筋肉次第で変わってきます。私がその証拠です！

笑顔や表情、お顔のバランスなどでお悩みの方は、一度表情筋を鍛えてみてほしいです。私は笑顔表情筋トレーニングと出会って表情筋を鍛えることで笑顔だけではなく、自身のマインドまで変わり、人生そのものも変わったと感じています。

体験談⑤

手《て》塚《づか》規《のり》雄《お》さん（40代）

※笑顔表情筋認定プランナー

「15年間彼女ナシ」から一転して結婚できました

Before

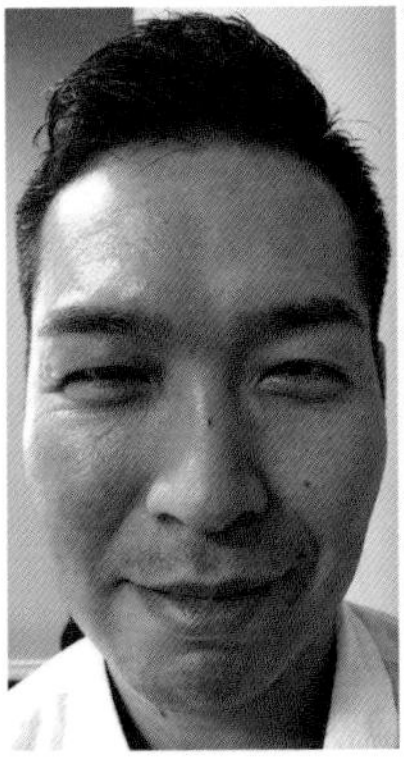

After

手塚さんとの出会いは、私が外部講師としてかかわった婚活向けの講座でした。

手塚さんは婚活を成功させるために、自分を変えるさまざまな努力をしていたのですが、彼女いない歴15年を更新して行き詰まっているようでした。

婚活において笑顔が大事であることは十分に理解されていて、プロフィール写真も笑顔で撮影されたものでしたが、それを見た女性から「何を考えているかわからない」と言われたというのです。

それを受けて、自分でも笑顔の練習をしてみたのですが、うまくいかず、「自然な笑顔がわからない」と迷走していたのでした。

こうした男性の生徒さんは年々増えています。悩みに悩み、意を決してレッスンを始められるので、その変化は人生を激変させるほどすさまじいものがあります。

手塚さんも例外ではありませんでした。ガチガチで引きつったような硬い笑顔が、自然で素敵な笑顔に変わったとたんに彼女ができて、トントン拍子にその方と結婚。今ではお子さんにも恵まれて幸せな家庭を築かれています。

私が手塚さんの顔で最初に気になったのは、眉上にポッコリと出た膨らみでした。これは男性に多く、額を使って目を開けるクセがあると、眉上が盛り上がり、筋肉がこり固まっている状態です。

そうすると、まぶたを上げる筋肉はさらに使わなくなるので目も細くなり、初対面の相手にはキツイ印象を与えてしまいます。

また、ビフォーの写真のように口角だけをグイッと上げた笑顔のつくり方をしていました。上の歯がパーッと見える大きな笑顔ができない方は男女問わず多いのですが、それも筋肉の使い方次第で変わります。

初めは頬の筋肉をほとんど使えていなかった手塚さんですが、正しい笑顔のつくり方をトレーニングした結果、アフターの写真のように頬がキュッと上がって、口もとを大きく使う自然な笑顔になりました。

頬で笑えるようになると口角は勝手に引き上がり、顔も引き締まるので、元気で感じの良い自然な印象を与えることができるようになります。

（手塚さん　ご感想）

自然な笑顔ができるようになって、自分に自信が持てるようになったことが私にとっての最大の変化です。後に知ったのは、自分「だけ」ができないと思っていた笑顔が、じつは多くの人もできなくて、自分と同じように困っているということでした。そうして笑顔を教わる側から教える側になり、少しでも過去の自分と同じように悩んでいる方の力になりたいと日々活動しています。

女性は普段から表情や印象に気を遣っていますが、基本的には男性は無頓着《むとんちゃく》なものです。私のように婚活で挫折《ざせつ》するような体験でもしないと、笑顔を直そうなんて考えもしないでしょう。

私は、自然な笑顔ができるようになってプライベートが豊かに変化しただけではなく、カタイ人という印象から、好印象を与えられるようになって、仕事においても有利だと感じる場面が格段に増えました。

男性にとっても「笑顔は人生最大の武器になる」、そう実感しています！

体験談⑥

M・Yさん（40代）

病弱な印象から活発な印象に大変身できました

Before

After

M・Yさんの第一印象は、「どこか具合でも悪いの？」と思わず声をかけたくなるほど元気がなくて、笑顔もどこか無理をしているようでした。実際に自分では普通にしているつもりでも、まわりの人から体調を心配されたり、電車で席を譲《ゆず》られるようなことも、たびたびあったそうです。そんな自分が嫌で、「変わりたい」とレッスンを始めたと言います。

病弱そうに見えるのは、**目の大きさに左右差があり、目の形も具合が悪くて目を細めているように見えていたため**です。ただ、これも筋肉の使い方でそうなっていただけで、左右対称に筋肉を使えるようにトレーニングをすることでみるみるうちに改善されていきました。

とくに、目をパッチリ大きくするトレーニング（94ページ参照）や目を左右対称の大きさにするトレーニング（98ページ参照）は、彼女にとって非常に効果が大きかったようです。

これらのトレーニングは、顔の筋肉を大きく動かさない地味な作業が多いため、この程度で本当に顔が変わるのか？　と不安に感じる方もいらっしゃるかもしれません。

でも、安心してください。本当に変わります。M・Yさんのように自然な可愛い笑顔にちゃんとなれます。騙《だま》されたと思って、ぜひやってみてください。

今の彼女は、もう別人かというくらいはつらつとして明るく、笑顔が魅力的な女性になっています。

M・Yさん　ご感想

私は、自然な笑顔が身についたことで、いつでも気持ちがポジティブでいられるようになりました。「可愛い」「素敵」といった言葉をかけられることも増えました。初対面の女性から「ニコッとしていて可愛いですね」と言われたり、笑顔を褒められたりすることが圧倒的に増えて、自分に自信を持てるようになったことが一番の変化です。

自分のビフォー・アフターの写真を見て、そのあまりの違いに思わず笑ってしまうのですが、もしもこのレッスンを受けずにその後の人生を過ごしていたらと考えると、恐くて想像もできません。

内面も前向きに変化して、お茶会などの自分の交友関係以外の場所にも出て行けるようになりました。

Column

歯並びが悪い人は本当に笑顔が苦手？

歯並びは笑顔はもちろん、美容の点からも重要ですね。右側の歯が1本なくなるだけで、右の頬はグンと下がります。基本的に唇から下は動くと下がる筋肉のため、歯並びに支障があると影響が大きくでます。

歯並びが悪いと、

・そもそも見た目が気になる
・笑顔がうまくつくれない
・左右非対象な笑顔になる
・シワ（あごの梅干しジワ）やほうれい線が入る
・歯ブラシがすみずみまで行き届かずに虫歯になる
・あご関節の異状や体のこりの原因になる

などのトラブルが起こりやすくなります。

では、歯列矯正をしたら万事ＯＫなのかと言ったら、そんなこともありません。正しい笑顔をつくるレッスンを受ける方は、じつは矯正している、もしくは過去にしていた方が圧倒的です。

矯正の期間は約３〜５年間と長期にわたり、その間ずっと口の中に装置が入っています。

慣れてはきますが、やはりずっと異物が口の中にあるため、笑顔をつくるときに、少し口もとに力が入りやすくなってしまいます。

さらには、矯正装置を見せたくないと言って、あまり口を開けないようにしている方もいます。そんなふうに、さまざまな理由で笑顔が硬くなる方が多いのです。

また、歯並びは治ったけれど、表情筋の使い方や舌の使い方が、歯並びが悪かったときのままという方もいます。それでは歯並びがきれいになっても笑顔はきれいにはなりませんよね。

逆に言えば、歯並びが多少悪くても美しい笑顔はつくれます。

私自身、歯並びは良いほうではありませんし、噛みしめもひどく、コンプレックスのオンパレードでした。

でも、こうして皆さまに笑顔を広げる立場になっています。ですから、歯並びが悪くてもあきらめないで一緒にトレーニングしていきましょう。

おわりに

最後までお読みいただきありがとうございました。

ここまで、自分の顔のコンプレックスを見つめ直し、解消するトレーニングを重ねて、少しでも自分の笑顔に自信を持てるようになっていたら、うれしいです。

そんなあなたに、最後に一つだけお伝えしたいことがあります。


笑顔は、本当は誰かに教わるものではありません。

楽しいときは誰でも自然に笑えるものだからです。


笑顔って教えるものじゃないでしょ？　笑顔って誰でもできるでしょ？　笑顔を教えてお金を取るの？　といったような、さまざまな言葉をこれまでに幾度となく言われてきました。

しかし、実際には笑顔に悩んでいる方、写真に写るのが嫌な方、コミュニケーションがうまく取れない方、自分の顔が好きになれないと言う方、たくさんのお悩みに応えてきました。イギリスやアメリカからレッスンを受けに来てくださった方もいらっしゃるほどです。


あなたにもぜひ、笑顔が変わると本当に人生が変わるということを実感していただきたいと思っています。

悩んでいても何も変わりません。人生は行動したかどうかで変わっていきます。自分の顔に自信を持って、素敵な人生を過ごしたいと思っているのであれば、ぜひ本書の内容を毎日少しずつで良いので実践してみてください。本当に人生は変わります。


本書は、いろいろな方のご指導やご協力があり出版することができました。

そして今回の出版に限らず、私の人生はこれまで多くの方々に支えられてきました。

皆さんの支援があってこそ、今の私があると思っています。

今、笑顔を広める活動をお手伝いしてくれている笑顔表情筋認定プランナーの白坂葵唯さん、小鳥遊ゆうさん、手塚規雄さんをはじめ、そのほかのトレーナーの皆様、インストラクターの皆様、名前を挙げればキリがありませんが、あらためてかかわってくださった方々、本当にありがとうございます。

2024年7月

北野珠誇《みほ》

【著者プロフィール】

北野珠誇（きたの・みほ）

笑顔表情筋®協会代表／笑顔美人塾主宰／

笑顔表情筋®プランナー

40歳のときに老けている自分の顔に驚き、笑顔にも自信がなくなったことをきっかけに、解剖学の視点から表情筋を鍛えるトレーニングを独学で始める。その後自分の顔が変わった効果を感じて、表情筋の第一人者から指導を受けた末にプランナーの資格を取得。周囲から「ほうれい線が薄くなった」「顔が若返った」「笑顔が自然で素敵」と言われるようになり、行政からもレッスンの依頼を受けるようになる。表情筋を鍛えることによって脳が活性化することを知り、脳科学の博士の元で最新の知見を学ぶ。15年間の歯科衛生士歴の立場からの知見も組み合わせて、アンチエイジングだけでなく笑顔力もアップすることに特化した「笑顔表情筋メソッド」を開発し現在に至る。これまでに延べ3000人以上の受講生に指導を行なっている。

整形いらずでなりたい顔をつくる1分顔トレ

2024年7月3日　　初版発行

著　者　北野珠誇

発行者　太田　宏

発行所　フォレスト出版株式会社

〒162-0824 東京都新宿区揚場町2-18 白宝ビル7F
電話　03-5229-5750（営業）
　　　03-5229-5757（編集）
URL　http://www.forestpub.co.jp

印刷・製本　中央精版印刷株式会社

ISBN978-4-86680-280-0　Printed in Japan

『整形いらずでなりたい顔をつくる1分顔トレ』

特別無料プレゼント

ストロー1本でかんたんにできる！

動画ファイル

ストロー10秒トレーニング解説動画
&
未公開トレーニング解説動画

本書でご紹介したストローを使ったトレーニングについて、著者の北野珠誇さんが実際に解説してくれる動画をご用意いたしました。また、紙面の都合上、掲載できなかった未公開トレーニングも読者限定でプレゼントいたします。ぜひダウンロードして、本書とともにご活用ください。

無料プレゼントはこちらからダウンロードしてください

https://frstp.jp/1kao

※特別プレゼントはWebで公開するものであり、小冊子・DVDなどをお送りするものではありません。
※上記無料プレゼントのご提供は予告なく終了となる場合がございます。あらかじめご了承ください。